Wanderführer
Kanarische Inseln

Teneriffa · La Gomera · La Palma Gran Canaria · El Hierro

Die schönsten Wanderungen
- Rundwanderungen
- Streckenwanderungen

In Zusammenarbeit mit dem Deutschen Jugendherbergswerk

Kompass Wanderführer

Wanderführer Kanarische Inseln

Teneriffa · La Gomera · La Palma Gran Canaria · El Hierro

Ausgewählt, begangen
und beschrieben
von Andreas Stieglitz

Deutscher Wanderverlag
Dr. Mair & Schnabel & Co. · Stuttgart

wandern + radwandern

Die große Wanderbuch-Reihe
für grenzenloses Wandern

Zu diesem Wanderführer
Baedekers Allianz-Reiseführer
Gran Canaria sowie *Teneriffa*
(La Palma – Gomera – Hierro)
(Karl Baedeker Verlag; erhältlich im Buchhandel)

und die viersprachige »Insor Gran Canaria«-Karte im
Maßstab 1:100 000 mit Stadtplänen (ISBN 84-404-9569-2)

Gesamte Kartographie:
Ing.-Büro Adolf Benjes

Übersichtskarten:
Ing.-Büro Adolf Benjes

Umschlagbild:
Küstenlandschaft auf Gomera
und Bild auf Seite 2:
Abstieg nach Hermigua
(*Foto:* Andreas Stieglitz)

7., völlig neu gestaltete Auflage 1994

ISBN 3-8134-0174-X

© 1980. **Deutscher Wanderverlag Dr. Mair & Schnabel & Co.,**
Zeppelinstraße 44/1, D-73760 Ostfildern (Kemnat)
Alle Rechte, auch die der photomechanischen Wiedergabe
und der Übersetzung, vorbehalten.
Satz: Gerda Kaul, D-73240 Wendlingen
Druck: Druckerei Siegfried Roth, D-73277 Owen/Teck
Printed in Germany

Gedruckt auf 100% chlorfrei gebleichtes Papier

Inhalt

Ortsverzeichnis	8
Bilderverzeichnis	10
Übersichtskarte	11
Wandern auf den Kanaren	12
Vorsichtsmaßnahmen	15
Häufige geographische Bezeichnungen	16
Geologie und Vulkanismus	17
Klima und Reisezeit	17
Die Pflanzenwelt	19
Anschriftenverzeichnis	176

Teneriffa

1	Masca – Barranco de Masca – Playa de Masca (4 km)	24
2	Los Silos – Pico de los Villanos – Las Portelas (10 km)	29
3	Los Silos – Casas de Las Cuevas Negras – Erjos – Cruz Grande (El Tanque Alto) (10 km)	33
4	San Francisco de la Montañeta – Zona Recreativa Las Arenas Negras – San Francisco de la Montañeta (12 km)	37
5	Cañadas-Straße (Fuß der Montaña Blanca) – Huevos del Teide – Refugio de Altavista – Pico del Teide (8 km)	40
6	El Portillo – Cañada de la Grieta – Parador Nacional (16 km)	45
7	Campamento Madre del Agua – Paisaje Lunar – Campamento Madre del Agua (5 km)	50

Eine schon 30jährige Tradition haben die jeden Sonntagmorgen in den Gärten des Hotels Tigaiga im Taoro-Park von Puerto de la Cruz gezeigten kanarischen Volkstänze und Ringkämpfe. (Foto: Ulrich Schnabel)

Blick von La Gomera auf die Nachbarinsel La Palma (Foto: Andreas Stieglitz)

8	La Caldera – Choza Chimoche – Los Órganos – Roque Gordo – Choza El Topo – El Velo (Aguamansa) (15 km)	52
9	La Caldera – Los Órganos – Choza Almadi – Cruz de las Lajitas – El Pino Alto – Las Cuevas (20 km)	56
10	Punta del Hidalgo – Las Rosas – El Peladero – Ermita Cruz del Carmen (10 km)	60
11	Punta del Hidalgo – Chinamada – Las Carboneras (7 km)	65
12	Almáciga – El Draguillo – Faro de Anaga – Roque Bermejo – Chamorga – El Draguillo – Almáciga (24 km)	69

La Gomera

13	Vallehermoso – Cumbre de Chiguére – Playa de Vallehermoso – Vallehermoso (13 km)	77
14	Camino forestal La Meseta – Presa de los Gallos (9 km)	81
15	Arure – Ermita El Santo – La Merica – Valle Gran Rey (12 km)	82
16	Apartadero – Pavón – Fortaleza – Apartadero (4 km)	86
17	Alto de Contadero – Garajonay – Alto de Contadero (7 km)	89
18	Pajarito – Garajonay – Alto de Contadero – Las Mimbreras – El Cedro – Hermigua/Convento de Santo Domingo (17 km)	91
19	Montaña Quemada – Ermita N.S. de Lourdes – Barranco del Cedro – Las Mimbreras – El Cedro – Montaña Quemada (7 km)	97
20	Imada – Barranco de Guarimiar – Barranco de los Jargus – Lomo del Gato – Imada (7 km)	100
21	Degollada de Peraza – La Laja – Degollada del Tanque – Ermita de las Nieves – Degollada de Peraza (12 km)	103

La Palma

22	Barlovento – La Tosca – La Palmita – Lomo de la Crucita – (Gallegos) (9 km)	108
23	Los Sauces – Mirador de las Barandas – Los Tilos – Barranco del Agua – C830 – (Los Sauces) (8 km)	111
24	Monte El Canal y Los Tilos (9 km)	114
25	Barranco de las Angustias – Morro de la Era – Dos Aguas – Playa de Taburiente – Barranco de las Angustias (17 km)	117
26	Calle Valencia – Pista de Ferrer – Lomo de los Hornitos – Los Rodeos – Roque Bejenado – Calle Valencia (16 km)	122
27	La Cumbrecita – Lomo de las Chozas – La Cumbrecita (3 km)	124
28	LP22 – Degollada del Barranco de la Madera – Degollada del Río – Refugio de la Punta de los Roques – LP22 (8 km)	127
29	Pista de Cumbre Nueva – Pico Ovejas – Refugio de la Punta de Los Roques – Pista de Cumbre Nueva (16 km)	130
30	Ermita de la Virgen del Pino – Reventón-Paß – Fuente – Ermita de la Virgen del Pino (17 km)	134
31	El Tunel Grande – Nucleo Recreativo La Pared Vieja – El Tunel Grande (16 km)	137
32	Zona Recreativa El Pilar – Ruta de los Volcanes – Fuencaliente (19 km)	139
33	Volcán de San Antonio (1 km)	145

Gran Canaria

34	Tasartico – Cañada de Aguas Sabinas – El Puerto – Playa de Güigüí – Tasartico (12 km)	148
35	El Juncal – Casa Forestal de Pajonales – Cruz de las Huesitas – El Juncal (13 km)	151
36	Artenara – Acusa Seca – Acusa Verde – Acusa – Artenara (15 km)	154
37	Roque Nublo (4 km)	158
38	Caldera de Bandama (5 km)	161
39	Jardín Botánico Viera y Clavijo	163

El Hierro

40	Mirador de la Peña – Ermita Virgen de la Peña – Las Puntas – (Mirador de la Peña) (9 km)	167
41	Frontera – Mirador de Jinama – San Andrés (6,5 km)	170
42	TF912 – Fuente Mancafete – TF912 (9 km)	173

Ortsverzeichnis

mit Nummernangaben der betreffenden Wanderungen.

Acusa 36
Acusa Seca 36
Acusa Verde 36
Aguamansa 8
Almáciga 12
Alto de Contadero 17, 18
Apartadero 16
Artenara 36
Arure 15

Barlovento 22
Barranco de Guarimiar 20
Barranco de las Angustias 25
Barranco de los Jargus 20
Barranco de Masca 1
Barranco del Agua 23
Barranco del Cedro 19

C830 23
Caldera de Bandama 38
Calle Valencia 26
Camino forestal La Meseta 14
Campamento Madre del Agua 7
Cañada de Aguas Sabinas 34
Cañada de la Grieta 6
Cañadas-Straße 5
Casa Forestal de Pajonales 35
Casas de Las Cuevas Negras 3
Chamorga 12
Chinamada 11
Choza Almadi 9
Choza Chimoche 8
Choza El Topo 8
Cruz de las Huesitas 35
Cruz de las Lajitas 9
Cruz Grande 3
Cumbre de Chiguére 13

Degollada de Peraza 21
Degollada del Barranco de la Madera 28
Degollada del Río 28
Degollada del Tanque 21
Dos Aguas 25

El Cedro 18, 19

El Draguillo 12
El Juncal 35
El Peladero 10
El Pino Alto 9
El Portillo 6
El Puerto 34
El Tanque Alto 3
El Tunel Grande 31
El Velo 8
Erjos 3
Ermita Cruz del Carmen 10
Ermita de la Virgen del Pino 30
Ermita de las Nieves 21
Ermita El Santo 15
Ermita N.S. de Lourdes 19
Ermita Virgen de la Peña 40

Faro de Anaga 12
Fortaleza 16
Frontera 41
Fuencaliente 32
Fuente 30
Fuente Mancafete 42

Gallegos 22
Garajonay 17, 18

Hermigua/Convento de Santo Domingo 18
Huevos del Teide 5

Imada 20

Jardín Botánico Viera y Clavijo 39

La Caldera 8, 9
La Cumbrecita 27
La Laja 21
La Merica 15
La Palmita 22
La Tosca 22
Las Carboneras 11
Las Cuevas 9
Las Mimbreras 18, 19
Las Portelas 2

Las Puntas 40
Las Rosas 10
Lomo de la Crucita 22
Lomo de las Chozas 27
Lomo de los Hornitos 26
Lomo del Gato 20
Los Órganos 8, 9
Los Rodeos 26
Los Sauces 23
Los Silos 2, 3
Los Tilos 23
LP22 28

Masca 1
Mirador de Jinama 41
Mirador de la Peña 40
Mirador de las Barandas 23
Montaña Quemada 19
Monte El Canal y Los Tilos 24
Morro de la Era 25

Nucleo Recreativo La Pared Vieja 31

Paisaje Lunar 7
Pajarito 18
Parador Nacional 6
Pavón 16
Pico de los Villanos 2
Pico del Teide 5
Pico Ovejas 29

Pista de Cumbre Nueva 29
Pista de Ferrer 26
Playa de Güigüí 34
Playa de Masca 1
Playa de Taburiente 25
Playa de Vallehermoso 13
Presa de los Gallos 14
Punta del Hidalgo 10, 11

Refugio de Altavista 5
Refugio de la Punta de los Roques 28, 29
Reventón-Paß 30
Roque Bejenado 26
Roque Bermejo 12
Roque Gordo 8
Roque Nublo 37
Ruta de los Volcanes 32

San Andrés 41
San Francisco de la Montañeta 4

Tasartico 34
TF912 42

Valle Gran Rey 15
Vallehermoso 13
Volcán de San Antonio 33

Zona Recreativa El Pilar 32
Zona Recreativa Las Arenas Negras 4

Höhlenwohnung (Foto: Andreas Stieglitz)

Bilderverzeichnis

Abstieg nach Hermigua 2, 95
Kanarische Volkstänze 5
Blick auf La Palma 6
Höhlenwohnung 9
Verkrüppelter Wacholderbaum 10
Vulkanschlot 13
Playa de Taburiente 15, 116
Kanarische Glockenblume 20
Blühender Feigenkaktus 23
Teno-Gebirge bei Masca 25, 26
Steg über den Barranco de Masca 28
Alte Brücke über den Barranco de Bucarón 32
Casas de Las Cuevas Negras 35
Garachio 39
La Gomera 42
Auf steinigen Pfaden 45
Las Cañadas 46
»Mondlandschaft« 49
Kiefernwald 53
Eidechse 55
Wasserkanal bei Las Rosas 61
El Peladero 63
Anaga-Gebirge 66
Blick auf Almáciga 68
Erodierte Vulkanschlote 73
Vallehermoso 76, 79
Nationalpark Garajonay 81
Talschlucht Taguluche 83
Einsame Hochfläche 85
Blick auf die Fortaleza 88
Eingangsschild Nationalpark Garajonay 91
Ermita N.S. de Lourdes 98
Holzsteg über den Barranco del Cedro 100
Barranco de Guarimiar 101
Felsdom Roque de Agando 104
Hochtal 107
Caldera de Taburiente 121, 128
Lomo de las Chozas 126
Die Ostküste La Gomeras 130
Cumbre Nueva 133
Der alte »Königsweg« (camino real) 135
Die Ostküste von La Palma 139
Auf der Vulkanroute 143, 144
Dünenlandschaft Maspalomas 147
Barranco de Tejeda mit Roque de Tejeda 157, 159
Felsturm des Roque Nublo 162
Santa Cruz de la Palma 165
Riesenkrater El Golfo 169
»Finger Gottes« und Pico del Teide 175

Bizarr verkrüppelter Wacholderbaum (Sabinar) (Foto: Andreas Stieglitz)

Wandern auf den Kanaren

Würzig duftende Kiefernforste, altes terrassiertes Kulturland, vulkanische Urlandschaften, geheimnisvolle Lorbeerwälder, bizarre Felsregionen, herrliche Küsten ... entdecken Sie mit diesem Wanderführer die atemberaubende Vielfalt und die erstaunlichen Gegensätze des kanarischen Archipels. Vierzig ausgewählte Traumrouten erschließen die schönsten Landschaften auf La Palma, La Gomera, Teneriffa, Gran Canaria und El Hierro. Jede dieser Wanderinseln hat ihren ganz eigenen Charakter, gemeinsam ist ihnen ihr vulkanischer Ursprung und ihre überreiche Pflanzenwelt.

Alle beschriebenen Touren können einschließlich der erforderlichen An- und Rückfahrten innerhalb eines Tages unternommen werden. Zu jeder Wanderung sind die günstigsten *Verkehrsmöglichkeiten* angegeben. Auf Teneriffa besteht ein ausgezeichnetes Linienbusnetz (TITSA). Mit Puerto de la Cruz als Ausgangspunkt kann auf einen Leihwagen verzichtet werden. Auf den übrigen Inseln sind die Wandergebiete nur zum Teil mit Linienbussen erreichbar; oftmals sind zudem die Fahrzeiten sehr ungünstig. Es empfiehlt sich daher, gleich für mehrere Tage oder wochenweise einen Leihwagen zu nehmen. Die entsprechenden Tarife sind dann wesentlich günstiger als für Einzeltage. Taxis sind auf längeren Strecken ziemlich teuer, so daß die Fahrt nach Möglichkeit mit dem Bus kombiniert werden sollte.

Die im Text erwähnten *Topographischen Karten* entstammen unterschiedlichen militärgeographischen Kartenwerken. Für die beschriebenen Wanderrouten werden sie eigentlich nicht benötigt, aber falls man einmal auf eigene Erkundungstour gehen möchte, sind sie unverzichtbar. Die Topographischen Karten bieten eine recht genaue und zuverlässige Geländedarstellung, sind jedoch hinsichtlich der Siedlungen und des Straßen- und Wegenetzes nicht immer auf dem neuesten Stand. Insbesondere alte Fußwege und Pfade sind oft nur unzulänglich oder überhaupt nicht mehr kartiert. In Deutschland sind die amtlichen spanischen Karten über alle Buchhandlungen oder direkt vom GeoCenter (Schockenriedstraße 40a, 70565 Stuttgart) zu beziehen.

Auf den westlichen Kanareninseln wurden inzwischen viele alte *Wanderwege* von der spanischen Naturschutzbehörde ICONA (Instituto Nacional para la Conservación de la Naturaleza) instandgesetzt und durch Hinweisschilder markiert, die den Namen der jeweiligen Örtlichkeit oder das Wegziel bezeichnen. Die Beschilderung hilft bei der Orientierung, doch sollte man

Zu Tour 18 **Blick durch den Barranco auf den Vulkanschlot des Roque de San Pedro y Pablo** (Foto: Andreas Stieglitz)

sich nicht ausschließlich auf sie verlassen und immer unsere Wegbeschreibung im Auge behalten. Steinmännchen, Farbpunkte und alte »Sendero turístico«-Schilder (auf Teneriffa) finden sich entlang der verschiedensten Wege und Pfade. Man lasse sich durch diese Wegzeichen nicht verwirren, denn sie müssen keineswegs die hier beschriebenen Wanderrouten markieren!

Der Zustand der Wege entspricht nicht immer den gewohnten Vorstellungen. Manchmal sind sie mit losem Geröll übersät und dadurch etwas mühsam zu begehen. Auf steilen Schlackehängen ist es am einfachsten, eine herzhafte »Lavaabfahrt« zu wagen und direkt hinabzurutschen. Die Talschluchten (Barrancos) sind gewöhnlich ausgetrocknet und führen normalerweise nur unmittelbar nach Niederschlägen Wasser.

Den *Zeitangaben,* die bei Stichwanderungen immer die Gesamtstrecke (hin und zurück) bezeichnen, liegt ein durchschnittliches Gehtempo von vier Kilometern je Stunde in flachem Gelände zugrunde. Auf 100 Meter Aufstieg wurden etwa 10 Minuten hinzugerechnet. Mit Essens- und Verschnaufpausen sowie weiteren Unterbrechungen (Orientierung, Fotografieren usw.)

kann sich die Gesamtdauer einer Wanderung leicht verdoppeln. Man sollte dies insbesondere hinsichtlich der Verkehrsverbindungen für die Rückfahrt und der vielleicht frühen Dämmerung bedenken.

Es empfiehlt sich, stets früh aufzubrechen. Im Winter sind die Tage auf den Kanaren zwar länger als in unseren Breiten, im Sommer jedoch verhält es sich genau umgekehrt. Überdies ist die Dämmerung viel kürzer als in nördlichen Breiten, und nur allzuleicht wird man vom plötzlichen Einbruch der Dunkelheit überrascht. Hinzu kommt, daß um die Mittagszeit häufig Passatwolken aufziehen, die Höhenlagen zwischen 400 und 1500 Meter in dichten Nebel hüllen. Meist klart es dann erst am späten Nachmittag wieder auf.

Neben soliden Turnschuhen dürfen knöchelhohe Wanderstiefel mit kräftiger Profilsohle bei der *Ausrüstung* nicht fehlen; nur allzuleicht knickt man auf scharfkantigem Lavagestein um oder rutscht auf losem Geröll aus. Zudem können auch die bemoosten Bergpfade in den Nebelwäldern recht rutschig sein. Um Platz und Gewicht zu sparen, kann man die Wanderstiefel bereits bei der Anreise im Flugzeug tragen. Selbst im Sommer ist es in den Bergen morgens und abends empfindlich kühl, so daß man stets an warme Kleidung denken sollte. Ein langärmeliges Hemd, warmer Pullover, Windjacke, Regenschutz und helle Kopfbedeckung haben sich bewährt. Lange Hosen (am besten nicht zu enge Jeans) schützen vor Brombeerranken und dornigem Gestrüpp. Außer im Sommer sollte man Regenschutz mit sich führen oder noch besser wasserfeste, aber atmungsaktive Kleidung (zum Beispiel Goretex) tragen.

Wichtig sind ausreichende *Verpflegung* und ein sehr reichlicher Wasservorrat in Plastikflaschen, denn unterwegs bietet sich nur selten die Möglichkeit zur Einkehr in eine Bar oder ein Restaurant. Notproviant (Nüsse, Fruchtschnitten, Schokolade) gehört ebenfalls in den Rucksack. Kompaß, Taschenlampe und Trillerpfeife bringen neben einer topographischen Karte zusätzliche Sicherheit. Höhenmesser stellen eine sehr nützliche Hilfe bei der Orientierung dar. Inzwischen gibt es sehr genaue digitale Höhenmesser, die bequem wie eine Uhr am Handgelenk zu tragen und einfach abzulesen sind.

Vorsichtsmaßnahmen

Landschaften sind durch heftige Niederschläge, Sturmschäden, eine üppig wuchernde Vegetation und vor allem durch Baumaßnahmen einem ständigen Wandel unterworfen, so daß auch präzise Wegbeschreibungen rasch veralten können. Falls die Wegverhältnisse einmal von der Beschreibung abweichen, sollte man keinesfalls auf gut Glück in unbekanntes Gelände weiterwandern, sondern sicherheitshalber umkehren. Bei Wanderungen, die über denselben Weg zurückführen, sollte man sich auf dem Hinweg die Umgebung mit markanten Orientierungspunkten einprägen. Die umgekehrte Wegrichtung sieht manchmal völlig anders aus, und es besteht durchaus die Gefahr, daß man den Rückweg nicht mehr findet.

Viele Wanderungen führen durch einsame Gegenden, in denen man stundenlang keinem Menschen begegnet. Es kann möglicherweise sehr lange dauern, bis man im Notfall Hilfe holen kann. Beim Ausrutschen ist ein Knöchel rasch verstaucht, ein Bein schnell gebrochen. Man sollte daher grundsätzlich nie

Zu Tour 25 **Playa de Taburiente** (Foto: Andreas Stieglitz)

alleine wandern und die beschriebene Route nicht verlassen. Sicherheitshalber kann im Hotel eine Nachricht hinterlassen werden, wohin man am betreffenden Tag fahren und in welcher Gegend man wandern will.

Zum Schutze der Natur ist äußerste Vorsicht mit offenem Feuer geboten. Große Trockenheit mit erheblicher Waldbrandgefahr herrscht insbesondere in den Sommermonaten.

Abschließend ein erfreulicher Hinweis: Auf den Kanaren gibt es weder giftige Schlangen noch Skorpione oder andere gefährliche Tiere.

Häufige geographische Bezeichnungen

bajo – unten
acantilado – Steilküste
alto – hoch
arena – Sand
arriba – oben
atalaya – Wachtturm, Aussichtsturm
bajo – niedrig
barranco – Schlucht
blanco – weiß
bosque – Wald
caldera – Kraterkessel
caleta – kleine Bucht
caletón – große Bucht
cantera – Steinbruch
casa forestal – Forsthaus
caserío – Weiler, Gehöft
camino forestal – Forstweg
corral – Stall, Gehege
costa – Küste
cuesta – Abhang, Anhöhe
cueva – Höhle
cumbre – Gipfel, Bergrücken
degollada – Sattel, Paß
embalse – Stausee
faro – Leuchtturm
finca – Landgut, Bauernhof
fuente – Quelle
galería – Wasserstollen
iglesia – Kirche

ladera – Abhang
llanada – Flachland
llano – Ebene, Flachland
lomo – Bergrücken
mesa – Tafelberg
mirador – Aussichtspunkt
montaña – Gebirge, Berg
monte – Berg, Wald
morro – Bergkuppe
negro – schwarz
parque forestal – Picknickplatz, Freizeitgelände im Wald
peña – Fels
pico – Bergspitze
piedra – Stein
pinar – Kiefernwald
pino – Kiefer
pista forestal – Forststraße
playa – Strand
puente – Brücke
puerto – Hafen, Bergpaß
punta – Landzunge
risco – Felsabsturz, Klippe
roque – Felsen
sendero – Fußweg, Pfad
sierra – Bergkette
tubería – Rohrleitung, Wasserkanal
valle – Tal
verde – grün

Geologie und Vulkanismus

Die Kanarischen Inseln sind allesamt vulkanischen Ursprungs und entstanden durch wiederholte Ausbrüche glutflüssiger Gesteinsschmelze (Magma) aus dem Erdinnern. Die Gründe für das Aufreißen der Erdkruste und des oberen Erdmantels, die phasenweise das Aufsteigen der Magma ermöglichten, sind strittig. Jedenfalls bauten die Lavamassen vom Meeresboden aus, der im Bereich der Kanaren in mehreren tausend Metern Tiefe liegt, zunächst einen gewaltigen unterseeischen Vulkankoloß auf. Weitere Vulkanausbrüche türmten immer höhere Gesteinsmassen auf, bis schließlich die höchsten Spitzen über den Meeresspiegel aufragten. Aus erdgeschichtlicher Sicht gilt der Archipel, der sich seit dem mittleren Tertiär auszubilden begann, als vergleichsweise jung. Das Alter der Inseln selbst nimmt von Ost nach West ab: Fuerteventura ist vor etwa 20 Millionen Jahren aus dem Meer aufgetaucht, El Hierro als jüngste Insel hingegen erst vor wenigen Millionen Jahren.

Während der Vulkanismus auf Gran Canaria, La Gomera und El Hierro seit langem zur Ruhe gekommen ist, gab es auf Teneriffa und La Palma bis in die jüngste Zeit hinein Eruptionen. Der letzte Vulkanausbruch ereignete sich 1971 an der Südspitze von La Palma, als der Volcán Teneguía aktiv wurde.

Klima und Reisezeit

Die Kanaren zeichnen sich durch ein ganzjährig frühlingshaftes Klima aus, das als das beste der Welt gilt. Während ein wüstenhafter Trockengürtel auf gleicher geographischen Breite den afrikanischen Kontinent umspannt, bestimmen gemäßigte Temperaturen mit ausgewogener Luftfeuchtigkeit den Archipel. Mehrere Umstände, die auf den Kanaren glücklich zusammentreffen, begründen dieses milde Klima:

Der Archipel weist ein Randpassatklima mit winterlichem Zyklonaleinfluß auf. Im Sommer liegen die Inseln im Bereich der Passatwinde, einer ziemlich gleichförmigen Nordostströmung (20 bis 25 km/h), die im erdumspannenden Hochdruckgürtel wurzelt. Die westlichen Kanaren sind so weit vom Festland entfernt, daß die ursprünglich trockenen Passate beim Hinwegstreichen über das Meer merklich Feuchtigkeit tanken und sich dabei gleichzeitig etwas abkühlen können. In etwa 1000 m Meereshöhe ballen sich tagsüber die charakteristischen Passatwolken zusammen, während sie sich nachts wieder auflösen.

Diese Wolken besitzen zwar nicht genügend Feuchtigkeit, um bis zum Abregnen aufzuquellen, doch stauen sie sich an allen Erhebungen, die bis in ihre Höhe aufragen. Auf der Nordseite der Inseln (Luvseite) kommt es fast täglich zum Passatwolkenstau. Die Höhenzone, die regelmäßig in den Wolken liegt, beginnt bei 400 Metern und reicht bis 1500 Meter Meereshöhe; weiter können die Passatwolken nicht aufsteigen. Dieser Bereich ist häufig in Nebel gehüllt, und es kann leichter Sprühregen auftreten. Hingegen ist die den Passatwinden abgewandte Südabdachung der Gebirge (Leeseite) sonnig und fast wüstenhaft trocken.

Für die klimatische Höhendifferenzierung der Inseln ergibt sich auf der Nordseite daher folgendes Bild: Einen mäßig trockenen Bereich *unter* den Passatwolken, einen feuchten Bereich *in* den Passatwolken mit Nebel und Sprühregen und einen trockenen Bereich *über* den Passatwolken. Das Mikroklima der Inseln ist somit stark in sich differenziert. Die Tagesplanung sollte daher auf die örtlichen Wind- und Wetterverhältnisse abgestimmt und das Wandergebiet entsprechend ausgewählt werden.

Im Winter wird die gleichförmige Passat-Wetterlage gelegentlich durch Tiefausläufer gestört, die über die Kanaren hinwegziehen. Da sich der subtropische Hochdruckgürtel in dieser Jahreszeit weit nach Süden verlagert, geraten die Kanaren in das Wurzelgebiet der Passate. Das schwache Hoch, das sich dann in der Nähe des Archipels festsetzt, kann durch ein vorbeiziehendes Tief vorübergehend abgedrängt werden. Im Winter, der Hauptregenzeit auf den Kanaren, kommt es daher gelegentlich zu heftigen Niederschlägen, die schon ab 1200 m in Schnee übergehen können. Zwischen November (dem regenreichsten Monat) und Februar fallen mehr als Zweidrittel des Jahresniederschlags.

Ganzjährig ausgleichend auf die Lufttemperatur wirkt das Meer, denn der Archipel liegt im Bereich des Kanarenstroms, einer kühlen nördlichen Meeresdrift. Sommers sorgt diese Strömung bei Wassertemperaturen um 23°C für eine willkommene Abkühlung, winters bei etwa 19°C für eine leichte Erwärmung der Luft. Im Küstenbereich bewegen sich die Durchschnittstemperaturen der Luft zwischen ungefähr 19°C im Januar und kaum mehr als 25°C im August.

Ideal für einen Wanderurlaub sind die Monate Januar bis Mai, denn in dieser Jahreszeit grünt und blüht es in den unteren und mittleren Höhenlagen. Angesichts ausgeglichener Temperaturen sind die westlichen Kanaren jedoch ganzjährig zum Wandern geeignet. Auch im Sommer bieten sie ein lohnendes Reiseziel, denn nun überrascht eine üppige Blütenpalette in höheren Lagen. Auf den Kanaren ist es zu dieser Jahreszeit wesentlich kühler als etwa im Mittelmeer. Aufgrund der geringeren Wolkenbildung sind die Sichtverhältnisse überdies besser als im Winter, denn die Passatwolken quellen weniger stark auf und liegen nur zwischen etwa 500 und 800 Metern. Gleichwohl ist die enorme Strahlungsintensität der Sonne nie zu unterschätzen und stets an ausreichenden Sonnenschutz zu denken.

Die Pflanzenwelt

Der kanarische Archipel zeichnet sich durch eine außergewöhnlich reiche Flora mit rund 2200 heimischen und 800 eingeführten Pflanzenarten aus. Darunter finden sich etwa 670 Endemiten, d. h. Pflanzen, die nur hier anzutreffen sind. Eine weitere Besonderheit stellt der Riesenwuchs vieler Pflanzen auf den Kanaren dar. Wolfsmilchgewächse und Johanniskraut, die uns aus heimischen Gefilden als Kräuter bekannt sind, wachsen mit verwandten Arten strauch- oder gar baumartig heran.

Überdies konnte auf den subtropischen Inseln des Nordatlantiks die Tertiärflora das Eiszeitalter in großer Vielfalt überleben. Nicht wenige Pflanzenarten, die im Quartär auf dem Festland ausgestorben sind, sind hier als wertvolle Reliktpflanzen oder »lebende Fossilien« erhalten geblieben. Hierzu gehören unter anderem der berühmte Drachenbaum und verschiedene Lorbeerarten, die auf dem europäischen Kontinent als tertiäre Fossilien gefunden wurden.

Aufgrund der klimatischen Höhendifferenzierung gibt es auf den Westkanaren sowie Gran Canaria verschiedene Vegetationszonen, die von fast-tropisch (an der Küste) bis alpin (Pico del Teide/Teneriffa) reichen. Zusätzlich wird dieses Bild noch durch den Gegensatz der vom Passat beeinflußten feuchten Nord- und der trockenen Südseite der Inseln geprägt.

Auf der untersten Höhenstufe, die auf der Nordseite bis etwa 600 Meter Meereshöhe, auf der Südseite bis 1000 Meter reicht, herrscht ein gleichförmig trockenwarmes Klima. Hier ist die *Sukkulenten-Formation* anzutreffen, für die Pflanzen charakteristisch sind, die besonders gut Wasser speichern können. Durch ihre verdickten Stengel, zurückgebildeten Blätter und feste Außenhaut wird die Verdunstung stark reduziert. Die Höhenstufe der Sukkulenten-Formation entspricht zugleich der Ackerbau- und Siedlungszone, so daß die natürliche Pflanzengesellschaft vor allem auf den Nordseiten der Inseln durch den Anbau von Kulturpflanzen wie der Banane leider verdrängt wurde.

Zu den verbreitetsten endemischen Sukkulenten zählen die kaktusähnliche Kandelaber-Wolfsmilch *(Euphorbia canariensis)*, spanisch *Cardón,* und das Tabaiba-Bäumchen *(Euphorbia broussonetii* und *E. regis-jubae).* Berühmt ist der zu den Liliengewächsen gehörende Drachenbaum *(Dracaena draco).* Von äußerst elegantem Wuchs ist auch die Kanarische Dattelpalme *(Phoenix canariensis),* die vielleicht schönste Palmenart überhaupt. Sie ist mit der nordafrikanischen Dattelpalme eng verwandt, doch sind ihre Früchte nicht genießbar. Auffallend ist die große Zahl unterschiedlicher Rosetten-Arten (u.a. *Aeonium canariense).* Aus der Neuen Welt eingeführt wurden der Feigenkaktus *(Opuntia ficus-indica)* mit eßbaren Früchten und die Agave *(Agave americana).*

Auf einer Höhe zwischen 600 und 1500 Metern herrscht im Norden der Inseln *Nebelwald* vor, auch als *Monte verde* (»Grüner Wald«) bezeichnet. Im feuchtwarmen Tertiär (vor 40 bis 15 Millionen Jahren) war er in ähnlicher Artenzusammensetzung in ganz Südeuropa und Nordafrika verbreitet. Auf den Kanaren ist der Nebelwald auf die Luftfeuchtigkeit der Passatwolken angewiesen, die sich auf dieser Höhenstufe regelmäßig an den Gebirgswänden stauen.

Der Nebelwald tritt in zwei unterschiedlichen Formationen auf, die nach den jeweils bestandsbildenden Baumarten bezeichnet werden. Im *Lorbeerwald (Laurisilva-Formation),* der in Hö-

Kanarische Glockenblume (Canarina canariensis)　　　(Foto: Andreas Stieglitz)

hen bis 1100 Meter auftritt, sind bis zu 20 verschiedene immergrüne Baumarten vertreten. Bestandsbildend ist der maximal 25 Meter hohe Lorbeerbaum *(Laurus azorica,* spanisch *Laurel)*. Daneben kommen die verwandten Arten Til *(Ocotea foetens)*, Viñatigo *(Persea indica)* und Barbusano *(Apollonias barbujana)* vor, allesamt einander recht ähnlich und leicht zu verwechseln. Im schattigen Unterwuchs des Lorbeerwaldes rankt die bezaubernde Kanarische Glockenblume *(Canarina canariensis)* mit ihren großen goldroten Blüten. In der zwischen 1000 und 1500 Meter Meereshöhe auftretenden *Fayal/Brezal-Formation* herrschen der bis 20 Meter hohe Gagelbaum *(Myrica faya,* spanisch *Faya)* und die bis 15 Meter hohe Baumheide *(Erica arborea,* spanisch *Brezo)* vor.

Ab einer Höhe von etwa 1000 Metern schließt sich die Stufe des *Kiefernwaldes* an. Diese Zone reicht bis zur Baumgrenze in etwa 2000 Metern Meereshöhe. Bestandsbildend ist die Kanarische Kiefer *(Pinus canariensis)*. Dieser stattliche Baum kann mehrere hundert Jahre alt werden und eine Höhe bis 60 Metern erreichen. An den extrem langen, zu dritt gebüschelten Nadeln kondensiert die Luftfeuchtigkeit aus und tropft zu Boden. Die Kanarische Kiefer vermag so den Passatwolken auch ohne unmittelbaren Niederschlag Feuchtigkeit zu entziehen und ist daher von großer Bedeutung für den Wasserhaushalt der Insel. In Kiefernwäldern erhöht sich die dem Boden zugeführte Wassermenge durch Tropfkondensation um das Zwei- bis Dreifache gegenüber den eigentlichen Niederschlagswerten. Eine weitere Besonderheit der Kanarischen Kiefer stellt ihre Fähigkeit dar, einem Waldbrand zu widerstehen. Obwohl die Nadeln und dünnere Äste verbrennen und die Borke verkohlt, vermag der Stamm mit den dickeren Seitenästen zu überleben. Offenbar handelt es sich bei dieser Feuerresistenz um eine evolutionäre Anpassung an den Vulkanismus.

Kiefernwälder sind aufgrund der dichten Nadelstreu gewöhnlich unterwuchsarm. Hier gedeiht vor allem die Scheidenblättrige Zistrose *(Cistus symphytifolius)* mit ihren auffallenden roten Blüten. Außerdem kommen eine Reihe von ginsterartigen Sträuchern vor, die bereits zur subalpinen Zone überleiten. Zu ihnen gehören der gelbblühende *Codeso (Adenocarpus foliolosus)* und die *Retama del Teide (Spartocytisus supranubius)*, auch als Teide-Ginster bezeichnet.

Oberhalb der Baumgrenze schließt sich die trockene, von extremen Temperaturschwankungen gekennzeichnete *subalpine Zone* an. Auf La Palma kommt sie als schmaler Saum auf dem Kraterrand der Caldera de Taburiente vor, auf Teneriffa in den

Cañadas. Die *alpine Zone* (über 2700 Meter) ist auf den Teide-Gipfel beschränkt. Neben Moosen und Flechten besiedelt lediglich das berühmte kleine Teide-Veilchen *(Viola cheiranthifolia)* die felsigen Schutthänge.

Teneriffa

Mit einer Fläche von 2057 qkm ist Teneriffa die größte Insel des Kanarischen Archipels. Gekrönt vom majestätischen Vulkankegel des Pico del Teide (3718 m), besitzt Teneriffa mit ihm zugleich die höchste Erhebung Spaniens. Die landschaftlichen Kontraste dieses Kontinents im Kleinen sind unvergleichlich. Wüstenhafte Dürre im Süden, fruchtbare Küstenebenen im Norden, ausgedehnte Lorbeer- und Kiefernwälder in den höheren Lagen und schließlich die subalpine Hochgebirgsregion der Cañadas – fast alle Klima- und Vegetationszonen der Erde sind auf dieser Insel anzutreffen.

Teneriffa setzt sich aus drei ursprünglich voneinander getrennten Landmassen zusammen: die Halbinseln Teno im Nordwesten und Anaga im Nordosten sowie der Südteil um Adeje/Valle de San Lorenzo. In diesen Gebieten ist der Vulkanismus vor langer Zeit zur Ruhe gekommen, was sich im Landschaftsbild zeigt. Über lange Zeiträume andauernde Abtragungsprozesse haben tiefe Schluchten geschaffen, zu deren bekanntester der Barranco de Masca zählt. Durch die ständige Brandungserosion fallen die Küsten überwiegend steil und felsig zum Meer ab (z.B. Los Gigantes).

Der geologisch junge Mittelteil der Insel wird von der Cumbre Dorsal und den Cañadas gebildet. Der mächtige, bis 2400 m hohe Bergrücken der Cumbre Dorsal reicht von den Cañadas bis zur Hochebene von La Laguna und bildet gleichsam das geologische Rückgrat Teneriffas. Die Cañadas stellen den Rest eines alten Riesenkraters von rund 16 Kilometer Durchmesser dar, an dessen Nordseite sich heute der alles beherrschende Vulkankegel des Pico del Teide erhebt. Diese einzigartige Landschaft wurde 1954 auf einer Fläche von 13500 ha zum Nationalpark erklärt.

Als Ausgangsquartier für Erkundungen der Insel ist Puerto de la Cruz, an der grünen Nordküste gelegen, Wanderern besonders zu empfehlen. In dieser freundlichen Stadt mit ihren Grünanlagen und Fußgängerzonen gibt es eine reiche Auswahl an Unterkünften, Restaurants, Geschäften und Leihwagenfirmen. Dank ausgezeichneter Busverbindungen lassen sich von Puerto aus fast alle Touren und Anfahrten ohne Auto bewältigen. Für

Blühender Feigenkaktus (Opuntia) (Foto: Ulrich Schnabel)

sonnenhungrige Badeurlauber entstanden die Touristenzentren um Los Cristianos/Playa de las Americás im kargen Südwesten der Insel.

»Weniger ist mehr« – angesichts der Größe der Insel gilt dies für Teneriffa in besonderem Maße. Man nehme sich Zeit und genieße auch die teils längeren Busfahrten bei der Anfahrt zu den Wandergebieten, um sich mit Blick aus dem Fenster bequem auf die jeweilige Landschaft einzustimmen. Kein Zweifel: Wer sich aufmacht, Teneriffa abseits der Strände zu entdecken, dem garantiert diese ideale Wanderinsel mit ihren überreichen Naturschönheiten unvergeßliche Erlebnisse.

1 Masca – Barranco de Masca – Playa de Masca

Verkehrsmöglichkeiten Anfahrt mit dem Bus 363 Puerto de la Cruz – Buenavista; Fahrzeit 1 Stunde 15 Minuten. Umsteigen in den Bus 355 Buenavista – Masca; Fahrzeit 30 Minuten. Rückfahrt: Falls man mit dem Boot von der Playa de Masca nach Los Gigantes übersetzt, mit dem Bus 325 Los Gigantes – Puerto de la Cruz; Fahrzeit 1 Stunde 30 Minuten.
Tourenlänge 4 Kilometer. **Wanderzeit** 2½ Stunden.
Höhenunterschiede Mäßig steiler Abstieg über 600 Höhenmeter.
Topographische Karten Mapa General Serie 5V 1:25000 »Las Portelas« (75–80).
Wissenswertes Von den verschiedenen Barranco-Wanderungen, die auf Teneriffa möglich sind, gehört diese Tour sicherlich zu den eindrucksvollsten. Wir wandern tief unten in der Schlucht des Barranco de Masca zwischen steilwandigen, bisweilen sogar überhängenden Felswänden zur Küste hinab. Dabei folgen wir schmalen Pfaden, durchqueren immer wieder das Schotterbett, umgehen Felsenbecken und steigen über Gesteinsschutt und Geröll hinweg, bis schließlich das ferne Grollen der Brandung lauter wird. Doch die Felswände wollen nicht auseinanderrücken, immer wieder folgt eine Biegung, dann noch eine... aber schließlich haben wir das Meer erreicht.

Im Barranco de Masca ist auf trockenen und felsigen Berghängen eine botanische Kostbarkeit anzutreffen: Das nur hier verbreitete, sehr seltene endemische Sandelbaumgewächs *Kunkeliella psilotoclada*. Dieser Strauch erreicht etwa 80 cm Höhe und blüht gelblich-cremefarben.

Ausgangspunkt unserer Barranco-Wanderung ist das herrlich gelegene, schlichte Bergdorf Masca. Bis Mitte der siebziger Jahre war es nur auf verschlungenen Fußwegen erreichbar, doch ein ehrgeiziger Bürgermeister setzte sich für den Straßenausbau ein. In Eigeninitiative, teilweise finanziell von Emigranten unterstützt, machten sich die Mascaños an die Asphaltierung der Trasse, die den Ort heute mit Santiago del Teide verbindet. Danach erwachte das sterbende Bergdorf wieder zu Leben. Touristen besuchten nunmehr den Ort, Restaurants wurden eröffnet, und ein gewisser Wohlstand, der über die traditionelle Subsistenzwirtschaft hinausging, kehrte ein.

Aufgrund der Geländeverhältnisse ist Masca keine geschlossene Ansiedlung. Der Ort besteht vielmehr aus verschiedenen Häuseransammlungen, die sich auf mehrere Bergrücken verteilen. Die dazwischenliegenden Hänge wurden sorgfältig terrassiert. Auf den schmalen Ackerflächen werden vorwiegend Kartoffeln angebaut, die bis zu viermal im Jahr geerntet werden können. Verstreut stehen auf den Hängen Kanarische Dattelpalmen, Obst- und Zitrusbäume. Aus dem »Saft« der Dattelpalme werden von einigen Bauern bis heute zwei Spezialitäten hergestellt, die auf Teneriffa einmalig sind: Palmhonig und Palmwein. Es gehört viel Erfahrung dazu, den Stamm in der Krone so vorsichtig anzuschneiden, daß die Palme davon nicht eingeht. Der austretende, zuckerhaltige Saft wird anschließend entweder

Teno-Gebirge bei Masca (Foto: Ulrich Schnabel)

Teno-Gebirge (Foto: Ulrich Schnabel)

durch Einkochen zu einer honigartigen Masse verdickt oder aber zu Alkohol vergoren.

Anmerkung Die Wanderung ist weit weniger anstrengend als gelegentlich berichtet und kann bei normaler Kondition problemlos in der angegebenen Zeit bewältigt werden. Hinsichtlich der Orientierung ist der Barranco de Masca ohnehin einfach, da ein Verirren talabwärts nicht möglich ist. Allerdings sollte man den Barranco de Masca nur bei trockenem Wetter durchwandern, keinesfalls jedoch nach starken Niederschlägen, da der Weg teilweise im Schotterbett verläuft bzw. dieses häufig durchquert. Bei Regen ist überdies mit Steinschlaggefahr zu rechnen.

Die vorgeschlagene Tour endet an der Küste. Ein Aufbruch am frühen Morgen empfiehlt sich, denn zu dieser Zeit sind die Sommertemperaturen im Barranco noch erträglich. Außerdem sollte man nicht zu spät an der Küste ankommen, denn gewöhnlich kann man hier ein Touristenboot (»el barco«) besteigen, das um die Mittagszeit in der Bucht anlegt und nach Los Gigantes zurückkehrt. Nähere Informationen über den Bootsverkehr sind in Los Gigantes bei verschiedenen Reisebüros erhältlich. Man muß allerdings mit der Möglichkeit rechnen, daß das Boot je nach Strömungs- und Windverhältnissen nicht anlegen kann. Dann bleibt einem nichts anderes übrig, als auf demselben Weg durch die Schlucht bis Masca zurückzukehren. Man sollte für diesen Fall genügend Verpflegung und vor allem ausreichenden Wasservorrat mitnehmen. Die Orientierung ist beim Aufstieg

durch den Barranco etwas schwieriger als beim Abstieg, da man leicht in eine Seitenschlucht abkommen kann.

Tourenbeschreibung Von der Bushaltestelle in *Masca* folgen wir einem gepflasterten Weg hinunter, der in Fahrtrichtung nach rechts vorne von der Hauptstraße abzweigt. Wir gehen sogleich oberhalb des Kirchleins und kurz danach an der Rechtsabzweigung eines schmaleren Pflasterweges vorbei. Nun bietet sich ein malerisches Bild: Auf einem Rücken unter uns liegt die zentrale Häusergruppe des Bergdorfes; dahinter erhebt sich der markante Felssporn des Roque Catano. Auf den Hängen im Vordergrund stehen Kanarische Dattelpalmen. Nach etwa 150 Metern biegen wir auf den rechts abzweigenden Pflasterweg, der nun zu der Häusergruppe auf dem Rücken hinabführt.

Bei Erreichen der ersten Häuser endet die Pflasterung. Etwa 30 Meter danach biegen wir links auf einen Pfad, der am Hang absteigt; an der Abzweigung befindet sich ein Wasserhahn. Nun ist Vorsicht geboten, denn der Pfad führt recht steil über loses Geröll hinab und ist ziemlich rutschig. Wir halten uns auf dem deutlichsten Pfad, der in die Schlucht hinabführt. Bald passieren wir ein Holzschild »Espacio Natural Protegido« (»Naturschutzgebiet«), das wir rechts liegenlassen. Danach führt der Pfad links an mehreren großen Felsbrocken vorbei.

Nach kurzer Zeit erreichen wir unten in der Schlucht einen wackeligen, mit Brettern belegten Steg, auf dem wir den Barranco überqueren. Ein darübergespanntes Seil hilft beim Balancieren. Auf der gegenüberliegenden Hangseite führt der Pfad nach rechts weiter. Von nun an ist unser Wegverlauf im *Barranco de Masca* gleichsam vorgezeichnet; gelegentliche weiße Pfeile auf Felsen dienen der Orientierung.

Gut fünf Minuten später überquert der Pfad den Barranco wieder nach rechts. Im Bachbett gedeiht Spanisches Rohr. Bald danach führt der Pfad wieder auf die linke, dann erneut die rechte Seite des Barranco. Schließlich erreichen wir einen kleinen Damm. Hier wird das Wasser in einem kleinen Kanal abgeleitet, der uns noch eine ganze Weile links am Hang begleitet. Zehn Minuten später passieren wir ein Weidegatter.

Der Pfad wechselt nun häufig die Hangseite und verläuft immer wieder direkt im Schotterbett des Barranco. Steinmännchen helfen bei der Orientierung, doch ist ein Verirren nicht möglich, sofern man sich nur immer bergab hält. Manchmal verzweigt sich der Pfad oder wird undeutlich, doch findet man rasch wieder seine Fortsetzung. Die Felswände steigen nun zu beiden Seiten extrem steil an und hängen teilweise über.

Die Schlucht scheint nicht enden zu wollen, immer wieder türmen sich neue Felswände auf. Doch schließlich hören wir das Grollen der Brandung, und dann erreichen wir die Küste. Links liegt ein privates Anwesen, dessen Eigentümer den Fremden mit einem gewissen Mißtrauen begegnet; weiter links erstreckt sich ein kleiner Sandstrand, die *Playa de Masca*.

Steg über den Barranco de Masca (Foto: Dr. Norbert Hermanns)

2 Los Silos – Pico de los Villanos – Las Portelas

Verkehrsmöglichkeiten Anfahrt mit dem Bus 363 von Puerto de la Cruz Richtung Buenavista, aussteigen an der Kirche in Los Silos. Fahrzeit 1¼ Stunde. Rückfahrt mit dem Bus 355 oder 366 von Las Portelas nach Buenavista; 20 Minuten Fahrzeit. Hier umsteigen in den Bus 363 nach Puerto de la Cruz.
Tourenlänge 10 Kilometer. **Wanderzeit** 2¾ Stunden.
Höhenunterschiede Leichter bis mäßig steiler Aufstieg über 800 Höhenmeter; leichter Abstieg über 200 Höhenmeter.
Topographische Karten Mapa General Serie 5V 1:25000 »Icod de los Vinos« (76–79), »Las Portelas« (75–80), »Buenavista del Norte« (75–79) und »Santiago del Teide« (76–80).
Wissenswertes Ausgangspunkt ist das schlichte Dorf Los Silos. Der zentrale Platz mit dem typischen Musikpavillon wird von dem Rathaus (Ayuntamiento) und der Gemeindebibliothek flankiert. Beide sind in dem Bau eines ehemaligen Nonnenklosters untergebracht. Das weißgekalkte Kirchlein wurde Anfang dieses Jahrhunderts im Stil der Neugotik errichtet und ersetzt einen älteren Vorgängerbau.

Ein alter Pflasterweg, der in einer Schlucht ansteigt, führt uns von Los Silos in die wildromantische Bergwelt des östlichen Teno-Gebirges. Wir wandern an verlassenen Gehöften vorbei, die dem Verfall preisgegeben sind. Durch einsamen Nebelwald, der völlig unberührt wirkt, steigen wir am Rande herrlicher Täler bis unterhalb des Pico de los Villanos (914 m) auf. Die Stille wird durch nichts außer dem Rauschen des Windes und dem Gezwitscher der Vögel unterbrochen. Am Rande des weiten, fruchtbaren Tals von El Palmar wandern wir mit herrlichen Ausblicken nach Las Portelas hinab.
Anmerkung Diese Wanderung kann verlängert werden, indem man von Las Portelas über El Palmar bis Buenavista absteigt; siehe Wegbeschreibung von Tour 17.
Tourenbeschreibung Wir biegen von der Hauptstraße in *Los Silos* rechts an der Kirche vorbei auf eine Dorfstraße (»Calle Susana«). Nach etwa 150 Metern überquert das Sträßchen einen Bach; an dieser Stelle stehen eine ICONA-Steinsäule und ein Wegweiser. Hier biegen wir rechts auf einen Fahrweg, der nach 20 Metern unter einer Wasserleitung hindurchführt und entlang der rechten Seite des Baches ansteigt. Ringsum erstrecken sich Bananenplantagen und Gärten. Wir halten uns links auf dem Pfad, der am Bach entlang weiterführt, wo der Fahrweg betoniert zum Tor einer Bananenplantage ansteigt.

Bald sehen wir, daß wir auf einem alten, gepflasterten Weg wandern, der nur anfänglich etwas zugewachsen war. Er führt in den Barranco de Bucarón hinein und wird von kleinen Tabaiba-Bäumchen gesäumt. Auf den Hängen gedeiht die dekorative Kandelaber-Wolfsmilch. Wir kreuzen eine Wasserleitung, die auf einem kleinen Aquädukt die Schlucht überspannt. Kurz dahinter überqueren wir die Schlucht auf einer Brücke nach links. Bald darauf führt der Weg über eine Brücke wieder auf die rechte Seite der Schlucht. Es geht stetig bergauf. Nach gut fünf Minuten gabelt sich der Weg: Geradeaus führt ein Pfad weiter, doch biegen wir scharf nach rechts hinten, um dem alten Pflasterweg in einer Kehre weiter bergauf zu folgen. Die weißblühende Montpellier-Zistrose säumt nun unseren Weg, und auch die Kanarische Glockenblume ist vereinzelt zu sehen. Die Schlucht hat sich hier zum relativ weiten Tal verbreitert, dessen in Terrassen angelegte Hänge einst landwirtschaftlich genutzt wurden. Heute begegnet man hier allenfalls noch einem Hirten mit seiner Ziegenherde.

Links oben am Hang tauchen bald einige alte Häuser auf. Unser Weg überquert dann das Bachbett und führt auf die Häuser zu; er ist hier etwas mit Brombeerranken zugewachsen. Wir wandern rechts an den halbverfallenen Häusern vorbei weiter bergauf. Der alte Pflasterweg führt nun über den Sattel, auf dem die Häuser stehen, in ein schluchtartiges Nachbartal hinüber. Über Hänge, die teilweise mit Agaven bewachsen sind, blicken wir in den wildromantischen, tief eingeschnittenen Barranco de los Cochinos mit seinen steil abbrechenden, grün bewachsenen Hängen hinab. – Zehn Minuten später kommen wir oberhalb weiterer halbverfallener Häuser vorbei. Unser Weg führt nun durch ein Seitental und ist hier stellenweise etwas abgerutscht. Dann wandern wir am Rande des Haupttals entlang. Eine knappe halbe Stunde nach der zweiten halbverfallenen Häusergruppe erreichen wir eine Gabelung, an der wir uns rechts halten (der linke Pfad führt bergab).

Nach fünf Minuten gabelt sich unser Pfad erneut. Wir biegen hier rechts auf einen recht steil im dichten Wald ansteigenden Geröllweg, der fast wie ein ausgetrockneter Bachlauf anmutet. Nach kurzem Aufstieg stoßen wir auf einen guten Querweg. An dieser Stelle stehen eine ICONA-Steinsäule (»Las Moradas«) und ein Wegweiser. Wir folgen dem Fahrweg nach rechts Richtung »La Calabacera«.

Von diesem leicht ansteigenden Hangweg bieten sich nun wunderbare Ausblicke auf eine herrliche Berglandschaft, sofern nicht Passatwolken die Sicht verwehren. Ringsum breitet sich

Alte Brücke über den Barranco de Bucarón (Foto: Andreas Stieglitz)

artenreicher Nebelwald aus, in dem der Kanarische Erdbeerbaum mit seinen orangefarbenen Früchten auffällt. Der Weg umrundet den *Pico de los Villanos* und mündet nach einer knappen halben Stunde auf eine breiteren Querweg. Hier stehen eine ICONA-Steinsäule (»La Calabacera«) und ein Wegweiser. Wir folgen dem Weg nach rechts Richtung »La Mesita«. Es geht im Wald leicht bergab.

Gut 15 Minuten später erreichen wir eine Wegverzweigung. Hier stehen eine ICONA-Steinsäule (»La Mesita«) und ein Wegweiser. Wir folgen dem Hauptweg nach links Richtung »Lancito«. Schon bald bieten sich von diesem breiten Fahrweg (Schotterstraße) herrliche Ausblicke in das weite, terrassierte Tal von El Palmar, das auf der gegenüberliegenden Seite durch den Höhenzug der Cumbre de Baracán begrenzt wird. In der Talmitte erheben sich zwei jungvulkanische Schlackekegel (Montañeta del Palmar); unterhalb davon liegt der Weiler El Palmar. Am oberen Talende ist die Häuseransammlung von Las Portelas erkennbar. Nach Norden verengt sich das Tal zum Barranco de los Camellos (»Schlucht der Kamele«).

Die Schotterstraße führt langsam am Hang bergab, und immer wieder ergeben sich schöne Ausblicke auf das Tal. Sie mündet schließlich am Buswartehäuschen von *Las Portelas* auf die Hauptstraße.

3 Los Silos – Casas de Las Cuevas Negras – Erjos – Cruz Grande (El Tanque Alto)

Verkehrsmöglichkeiten Mit dem Bus 363 von Puerto de la Cruz Richtung Buenavista, aussteigen in Los Silos. Fahrzeit 1¼ Stunden. Rückfahrt mit dem Bus 460 von Guía de Isora nach Icod de los Vinos, einsteigen in El Tanque. In Icod de los Vinos umsteigen in den Bus 363 oder 325 nach Puerto de la Cruz.
Tourenlänge 10 Kilometer.
Wanderzeit 3¼ Stunden.
Höhenunterschiede Anfänglich teilweise steiler Anstieg über 900 Höhenmeter bis Erjos, dann leichter Abstieg über 300 Höhenmeter bis Cruz Grande.
Topographische Karten Mapa General Serie 5V 1:25000 »Icod de los Vinos« (76–79) und »Santiago del Teide« (76–80).
Wissenswertes Diese reizvolle Wanderung führt von Los Silos (siehe Tour 16) auf einem alten, teilweise gepflasterten Pfad

durch eine Schlucht mit besonders üppiger Vegetation zum Bergdorf Erjos hinauf. Unterwegs passieren wir den fast völlig verlassenen Weiler Las Cuevas Negras. Hausruinen inmitten verwilderter Terrassengärten ergeben ein romantisches Bild. Von Erjos wandern wir auf einem Feldweg mit weitem Blick über terrassierte, landwirtschaftlich genutzte Hänge nach Cruz Grande (El Tanque Alto) hinunter.

Anmerkung Die Wanderung kann auch in Erjos beendet werden (gleiche Buslinie für die Rückfahrt) und verkürzt sich dann um eine Stunde.

Tourenbeschreibung In *Los Silos* biegen wir von der Hauptstraße rechts an der Kirche vorbei auf eine Dorfstraße (»Calle Susana«). Das Sträßchen schlängelt sich zwischen einigen Häusern hindurch und führt in eine Talschlucht hinein. Im Bachbett gedeiht Yams, an den riesigen Blättern unverkennbar. Nach zehn Minuten mündet links ein Seitenbach ein, dessen Böschung mit einer Mauer befestigt ist. Hier überqueren wir das Bachbett und folgen dem Seitenbach etwa 50 Meter bergauf, bis wir auch dieses Bachbett nach links überqueren und zu einem Fahrweg aufsteigen, der neben dem Bachbett verläuft. Wir haben nun unseren eigentlichen Wanderweg erreicht und folgen ihm ansteigend. – Alsbald überqueren wir den Bach auf einer Brücke nach rechts. Zwischen Bananenplantagen und Terrassengärten mit Zitrusbäumen, Papayas, Avocadobäumen, Chayotas und Resten eines Maulbeerbestandes geht es bergauf. An den seitlichen Felswänden verlaufen Wasserkanäle auf unterschiedlicher Höhe. Nach zehn Minuten erreichen wir ein Bauernhaus und gehen links daran vorbei. Unser Weg verengt sich nun zum Pfad, der von Gelbem Sauerklee umsäumt ist. Bald kreuzen wir das Bachbett und wandern auf dem gepflasterten Pfad weiter bergauf. Nach kurzer Zeit passieren wir eine Wasserverteilungsstelle, an der ein alter, mit Steinplatten abgedeckter Wasserkanal nach links abzweigt. Leider sind diese traditionellen, meisterhaft mit geringem Gefälle an den Hängen entlanggeführten Wasserkanäle nur noch selten in Betrieb; meist wurden sie durch Rohrleitungen ersetzt.

Beim weiteren Aufstieg rücken die Felswände der Schlucht immer enger zusammen, und üppig wuchernde Vegetation umgibt uns. Der Blick zurück fällt auf Los Silos und die Bananenplantagen unten am Meer. Eine knappe halbe Stunde nach Passieren des Bauernhauses führt unser Pfad bei zwei riesigen Lorbeerbäumen an dem aufgegebenen Weiler *Casas de Las Cuevas Negras* vorbei. An einem dreiteiligen Wegweiser gehen wir geradeaus weiter (Richtung »Pie de Erjos«). Neben den verfallenen Gebäuden blühen Geranien, Orangenbäume stehen in den verwilderten Gärten; nur zwei Häusern werden noch bewohnt.

Unser Pfad ist nun etwas zugewachsen, doch im Verlauf immer eindeutig, und führt weiterhin an einer Wasserleitung entlang. Fleißige Lieschen und die Kanarische Glockenblume säumen den Weg. Wir kommen an einem riesigen Mispelbaum (links des Weges) vorbei. Bald danach passieren wir ein altes Haus, vor dem ein großer Orangenbaum steht. Allmählich gelangen wir in die Höhenstufe des Nebelwaldes. Die Baumheide wird nun immer höher, und vermehrt treten Lorbeerbäume hinzu. Wir kreuzen schließlich das Bachbett und haben nun 600 Meter Meereshöhe erreicht; unser Weg führt weiterhin an einer Wasserleitung entlang.

Knapp zehn Minuten später kommen wir unweit eines rechts gelegenen Hauses vorbei. Etwa 75 Meter danach gehen wir *nicht* geradeaus weiter, sondern biegen rechts auf einen Pfad, der weiter an der Wasserleitung entlangführt. Schließlich lassen wir den Wald hinter uns und wandern zwischen teilweise aufgelassenen Ackerterrassen bergauf. Unser Pfad verbreitert sich dann zum Fahrweg. Bald gehen wir an der Linksabzweigung eines Weges vorbei und wandern geradeaus weiter bergauf. Nach wenigen Minuten endet der Fahrweg, und es geht auf einem ansteigenden Pfad weiter.

Alsbald passieren wir das erste Haus von *Erjos*. Nach knapp 150 Metern halten wir uns an der Gabelung rechts und gehen

Casas de Las Cuevas Negras (Foto: Andreas Stieglitz)

dann durch den Ort zur kleinen Dorfkirche hoch. Falls man die Wanderung hier beenden möchte, findet man das Buswartehäuschen gleich hinter der Kirche an der Hauptstraße.

Unmittelbar vor der Kirche gehen wir links eine Dorfstraße hinunter. Nach gut fünf Minuten endet die Asphaltierung, und wir wandern geradeaus auf einem Feldweg weiter. Im weiteren Wegverlauf lassen wir alle Abzweigungen unbeachtet und folgen stets dem Hauptweg bergab. Es bietet sich ein weiter Blick: Ringsum breiten sich fruchtbare Ackerterrassen aus, vor uns schimmert das blaue Meer. Die Feldraine werden von gelbblühendem Codeso und weißblühendem Escobón gesäumt. Der

Weg führt stetig bergab. Im Osten (rechts) erstreckt sich das Straßendorf Ruigómez, und im Hintergrund erhebt sich das beherrschende Vulkanmassiv des Pico del Teide.

Eine knappe halbe Stunde nach Verlassen von Erjos durchqueren wir eine Senke, in der sich unser Weg gabelt, und gehen rechts (zunächst ansteigend) weiter. Bald gelangen wir auf eine Asphaltstraße, der wir geradeaus (bergab) folgen. Dann berühren wir kurz die Hauptstraße und gehen links an dem Buswartehäuschen vorbei auf unserer Asphaltstraße weiter bergab. Sie führt in Serpentinen zwischen Gärten und vereinzelten Häusern ziemlich steil nach *Cruz Grande (El Tanque Alto)* hinunter. Im Ort kreuzen wir die Hauptstraße und gehen auf einer Dorfstraße weiter. Bald kommen wir wieder an der Hauptstraße heraus. Das Buswartehäuschen befindet sich rechts, unterhalb der Kirche.

4 San Francisco de la Montañeta – Zona Recreativa Las Arenas Negras – San Francisco de la Montañeta

Verkehrsmöglichkeiten Anfahrt mit dem Bus 363 oder 325 von Puerto de la Cruz nach Icod de los Vinos; Fahrzeit 45 Minuten. Hier umsteigen in den Bus 360 Richtung San José de Los Llanos, aussteigen an der Kapelle San Francisco (eine Haltestelle nach dem Weiler La Montañeta); etwa 30 Minuten Fahrzeit. Rückfahrt mit denselben Buslinien.
Tourenlänge 12 Kilometer.
Wanderzeit 3½ Stunden.
Höhenunterschiede Leichter bis mäßig steiler Anstieg über 350 Höhenmeter; ebensolcher Abstieg.
Topographische Karten Mapa General Serie 5V 1:25000 »Icod de los Vinos« (76–79) und »Santiago del Teide« (76–80).
Wissenswertes Die Westabdachung des Teide-Massivs, die an den alten, zur Ruhe gekommenen Gebirgsstock des Teno-Gebirges grenzt, gehört zu den vulkanologisch aktivsten Gebieten Teneriffas. In diesem Bereich ereignete sich auch der jüngste Vulkanausbruch der Insel: 1909 flossen Lavaströme von der Montaña de Chinguero bis dicht an die ersten Häuser von Santiago del Teide heran, wo sie gerade noch rechtzeitig zum Stillstand kamen. Der Ort entrann so nur knapp einer Katastrophe.

Der alte Hafenort Garachico, an der Nordküste gelegen, hatte kein Glück, als am 5. Mai 1706 der Vulkan »Montaña Negra«

(»Schwarzer Berg«) ausbrach. Zwei glühende Lavaströme wälzten sich unglaublich rasch die Hänge hinunter, überfluteten zunächst El Tanque und begruben anschließend das sechs Kilometer vom Vulkanausbruch entfernte Garachico unter sich. Von diesem Schicksalsschlag konnte sich die Ortschaft nie wieder ganz erholen. Zwar wurde Garachico auf der Lavadecke neu errichtet, doch erlangte es nicht mehr die wirtschaftliche Bedeutung als früherer Haupthafen Teneriffas; Puerto de la Cruz und Santa Cruz traten an seine Stelle. Ein Besuch des Städtchens, etwa im Anschluß an die Wanderung, ist sehr lohnend. Das im 18. Jahrhundert wiederaufgebaute Garachico verharrte über Jahrhunderte in einem Dornröschenschlaf, der im wesentlichen das alte Ortsbild bewahrt hat.

Anmerkung Die Blockhütten in der Acampada Arenas Negras können gemietet werden. Informationen zu den Übernachtungsmöglichkeiten sind erhältlich bei dem Ayuntamiento de Garachico, Plaza de la Libertad 1, 38450 Garachico, Telefon (922) 830000/01, Fax (922) 831301.

Tourenbeschreibung Unsere Wanderung beginnt rechts an der Hauptstraße, gegenüber der Kapelle *San Francisco de la Montañeta*. Hier beginnt an einer ICONA-Steinsäule (»Ermita«) ein Pfad, der mäßig steil im Kiefernwald ansteigt. Nach fünf Minu-

Garachio mit dem der Küste vorgelagerten Fels von Garachio (Foto: U. Schnabel)

ten erreichen wir einen Fahrweg, der von rechts heraufführt, und folgen ihm nach links. Nach kurzem Anstieg stoßen wir wieder auf die Hauptstraße; links steht eine ICONA-Steinsäule (»Vista de Fuera«).

Wir folgen der Hauptstraße etwa 150 Meter nach links, bis rechts ein ansteigender Fahrweg abzweigt (gelber Wegweiser »Zona Recreativa Arenas Negras«). Wir wandern auf diesem Waldweg in Serpentinen bergauf und passieren bald ein halbverfallenes Häuschen (ICONA-Steinsäule »La Pajarera«). Bald danach gehen wir an der Linksabzweigung eines Weges vorbei. 20 Minuten später erreichen wir das Freizeit- und Picknickgebiet *Las Arenas Negras*. Der Fahrweg schwenkt nach links und führt in das Gelände hinein. In der Linksbiegung biegen wir rechts auf einen ansteigenden Fahrweg, der an einer Holzschranke beginnt (Holzschild »Zona Reservada Acampada«).

Der Weg führt alsbald durch ein Ferienlager mit Blockhütten. Dahinter sehen wir bereits den schwarzen Schlackekegel der *Montaña Negra* (1401 m) aufragen. Wir wandern nun auf den Vulkan zu und an seinem Fuße nach rechts. Hier gelangen wir auf einen Pfad, der durch die schwarze Vulkanschlacke führt. Es bietet sich ein beinahe unwirkliches Bild: Gelbgrüne Kiefern leuchten vor dem dunklen Hintergrund. Rückblickend erstrekken sich ausgedehnte Kiefernwälder, hinter denen sich der Pico del Teide mit dem rechts vorgelagerten Pico Viejo erhebt; im Norden schimmert der blaue Atlantik.

Der Pfad führt dann aus dem Bereich schwarzer Schlacke in ein breites Lavafeld hinein; das Gestein ist hier zerklüftet und zerrissen. Der Pfad führt auf und ab durch verschiedene Lavaströme; rote Punkte auf den Felsen erleichtern uns die Orientierung. Am Ende des Lavafeldes verläuft sich der Pfad. Wir wandern zunächst in etwa gleicher Richtung in den angrenzenden Kiefernwald hinein und schwenken hier nach links, um weglos bergauf (nach Süden) zu gehen. Im Wald sind viele Fahrspuren und undeutliche Wege zu sehen, die jedoch bei der Orientierung nicht hilfreich sind.

Solange wir stets bergauf gehen, können wir unser Ziel auch nicht verfehlen: Nach etwa zehn Minuten stoßen wir auf einen Fahrweg, der unterhalb eines Wasserkanals (Canal Barranco de Vergara) am Fuße eines länglichen Schlackeberges verläuft. Wir folgen dem Fahrweg nach links. Der Vulkankegel der Montaña Negra liegt nun direkt vor uns; im Hintergrund erhebt sich der Pico del Teide. Bald kommen wir am Fuße des Kegels vorbei; hier steht eine ICONA-Steinsäule »El Volcán Negro«.

Der Fahrweg verläuft noch eine Weile durch diese bizarre jungvulkanische Landschaft und führt dann in Kiefernwald hinein. Schließlich stoßen wir auf einen Querweg, dem wir nach links folgen. 15 Minuten später erreichen wir wieder das Freizeit- und Picknickgebiet Las Arenas Negras. Hier können wir eine Rast einlegen, bevor wir über den Hinweg zurückkehren.

Cañadas-Straße (Fuß der Montaña Blanca) – Huevos del Teide – Refugio de Altavista – Pico del Teide

Verkehrsmöglichkeiten Anfahrt mit dem Bus 348 Puerto de la Cruz – Las Cañadas; aussteigen am Fuße der Montaña Blanca, wo rechts ein Fahrweg abzweigt (Hinweisschild und große Zementtafel mit Verlauf des Aufstiegs; 1 Stunde 45 Minuten Fahrzeit). Rückfahrt mit derselben Buslinie ab der Talstation der Seilbahn (Teleférico); Abfahrt hier etwa fünf Minuten später als am Berghotel (Parador Nacional). – Bei der Anreise mit dem Leihwagen fährt man auf der Cañadas-Straße, bis man kurz nach Kilometerstein 40 (etwa 2,5 km vor der Rechtsabzweigung zur Seilbahn) an einem rechts abzweigenden Fahrweg die Hinweistafel »Montaña Blanca« sieht. Man kann am Straßenrand parken, doch ist Vorsicht geboten: Nirgendwo auf Teneriffa werden so viele Autos aufgebrochen wie in den so einsamen Cañadas.

Tourenlänge 8 Kilometer. **Wanderzeit** 3¾ Stunden.
Höhenunterschiede Mäßig steiler bis steiler Aufstieg über 1365 Höhenmeter.
Topographische Karten Mapa General Serie 5V 1:25000 »Teide« (77–80).
Wissenswertes Ein Wunschtraum vieler Wanderer ist die Besteigung des Pico del Teide, des mit 3718 Meter höchsten Berges Spaniens. Diese Tour beschreibt den Aufstieg bei anschließender Rückkehr mit der Seilbahn. Für den Aufstieg sind im Grunde keine besonderen bergsteigerischen Fähigkeiten nötig, denn der Weg ist in gutem Zustand, und die Orientierung bietet keine besonderen Probleme. Allerdings sind, insbesondere angesichts der immer dünner werdenden Luft, Ausdauer und eine gute Konstitution erforderlich.

Das einzige Problem, das unterwegs auftreten kann, ist die Höhenkrankheit; meist wird sie durch einen zu schnellen Aufstieg verursacht. Bei den ersten Anzeichen von Kopfschmerzen, Übelkeit und Schwindel sollte man eine Pause einlegen und das Tempo verlangsamen. Falls keine Besserung eintritt und die Krankheitszeichen anhalten, empfiehlt sich die Umkehr.

Die Tour beginnt an der Cañadas-Straße auf 2350 Metern Höhe und führt zunächst auf die flache Kuppe der Montaña Blanca. Der Name (»Weißer Berg«) bezieht sich auf die mit graugrünem bis gelbbraunem Bimsteingrus bedeckten Hänge der Montaña Blanca. In früheren Zeiten, noch bevor die Cañadas den heutigen strengen Schutzbestimmungen unterlagen, wurde der Bimsstein hier in größerem Umfang abgetragen. Er wurde von den Bauern im Süden der Insel benutzt, um ihre Felder damit abzudecken und so vor der Austrocknung zu schützen; noch heute kann man dies in der Gegend um Vilaflor sehen.

Wir wandern dann mitten durch das Gebiet der sogenannten Huevos del Teide (»Teide-Eier«). Dabei handelt es sich um drei bis vier Meter große, kugelförmige und aufgrund ihres hohen Obsidiananteils schwarzglänzende Gesteinsbrocken, die unvermittelt auf den Hängen herumliegen – so, als ob hier einst ein Riese mit überdimensionalen Murmeln gespielt hätte. Die Huevos del Teide entstanden vermutlich als Vulkanbomben, die glutflüssig aus dem Krater geschleudert wurden und in der Luft erstarrt sind.

Der eigentliche Aufstieg beginnt auf einem gut geführten Bergpfad. Auf 3260 Metern Höhe erreicht man den Refugio de Altavista. Diese Berghütte bietet Übernachtungsmöglichkeiten, ist im Winter und Frühjahr jedoch meist geschlossen. Getränke sind erhältlich, jedoch keine Mahlzeiten. Der Aufstieg führt dann relativ steil zu einer Hangverflachung (La Rambleta) weiter und zur Bergstation der Seilbahn hinüber. Von hier erreicht man in kurzem Aufstieg den Gipfel.

Der Gipfel besteht aus einem mit weißlicher Schlacke bedeckten Kegelspitz, der sich über dem älteren, verschütteten Krater der Rambleta erhebt. Aufgrund seines Aussehens wird er auch als Pilón oder Pan de Azucar (beides bedeutet »Zuckerhut«) bezeichnet. In seinem Inneren öffnet sich ein kleiner Krater, in dem Solfatare aktiv sind: Aus Löchern und Spalten treten in unregelmäßigen Abständen bis 80°C heiße Wasser- und Schwefeldämpfe aus.

Anmerkung Die Zeitspanne von der Ankunft bis zur Rückfahrt des Linienbusses sollte bei guter Kondition für den Aufstieg und die anschließende Rückfahrt mit der Seilbahn ausreichend sein. Falls man sich jedoch nicht sicher ist, ob man den Aufstieg in der angegebenen Zeit bewältigt oder die Seilbahn in Betrieb ist, empfiehlt sich die Anreise mit dem Leihwagen. Auf- und Abstieg sind von der Cañadas-Straße aus an einem Tag gut zu schaffen, und gegebenenfalls kann man sich auf dem Gipfel immer noch dafür entscheiden, mit der Seibahn zurückzukehren (letzte Abfahrtszeit 17 Uhr). Von der Talstation muß man noch drei Kilometer auf der Cañadas-Straße zurückwandern.

Eine weitere Möglichkeit besteht darin, am ersten Tag bis zum Refugio de Altavista aufzusteigen und dort zu übernachten, um am nächsten Tag frühmorgens den Aufstieg fortzusetzen.

Blick vom Teide-Gipfel auf La Gomera   (Foto: Andreas Stieglitz)

Vom Gipfel aus kann man dann den Sonnenaufgang bewundern. Ein großartiges Schauspiel, wenn der riesenhafte Schatten des Pico del Teide bis hinüber zur Nachbarinsel La Gomera fällt.

Bei der Teide-Besteigung ist der Wetterlage besondere Aufmerksamkeit zu schenken. Der Sommer ist für einen Aufstieg die beste Jahreszeit; hingegen kann zwischen Oktober und Mai auf dem Pico del Teide viel Schnee liegen. Die Orientierung bereitet bei guter Sicht keine Schwierigkeiten, doch sollte man den Aufstieg keinesfalls bei Nebel, Regen oder Schneefall wagen. Die Seilbahn ist bei starkem Wind, wie er vor allem im Winter häufig vorkommt, nicht in Betrieb. Auch wegen Vereisung kann die Seilbahn in der kalten Jahreszeit nicht immer fahren. Man sollte sich daher vor Beginn des Aufstiegs danach erkundigen. – Neben der üblichen Ausrüstung sollte man bei einer Teide-Besteigung an ausreichende Verpflegung, reichlich Getränke und guten Sonnenschutz denken. Auch im Sommer empfiehlt sich warme Kleidung für die Morgen- und Abendstunden.

Tourenbeschreibung Von der *Cañadas-Straße* gehen wir den zur Montaña Blanca ausgeschilderten Fahrweg hinauf und passieren alsbald eine braune Eisenschranke. Nach zehn Minuten halten wir uns an der Weggabelung links; rechterhand erhebt sich der dunkelrote Rücken der Montaña Rajada. Wir folgen dem

Hauptweg, der stetig ansteigend in nordwestlicher Richtung verläuft. Einige links abzweigende Fußwege lassen wir unbeachtet. Sie kürzen zwar den Fahrweg etwas ab, da sie relativ steil am Hang der Montaña Blanca ansteigen, doch sind sie auf rutschigem Bimskies bergauf ziemlich beschwerlich zu gehen. Angesichts der beim Aufstieg immer dünner werdenden Luft lohnt es sich ohnehin, anfänglich mit den Kräften etwas zu haushalten!

Etwa eine halbe Stunde nach der Weggabelung beginnt unser Fahrweg nach links zu schwenken, um nun in weiten Serpentinen rinnenförmig im Bimsgeröll zur Montaña Blanca anzusteigen. Wir wandern hier mitten durch das Gebiet der sogenannten *Huevos del Teide*. Nach einer knappen halben Stunde auf dem Serpentinenweg erreichen wir die Rechtsabzweigung des Weges, der auf den Pico del Teide hinaufführt; geradeaus geht es auf die flache Kuppe der Montaña Blanca. Ein Schild »Al Refugio de Altavista« weist auf diese wichtige Abzweigung hin.

Nun beginnt der eigentliche, steile Aufstieg. Unser Pfad steigt im Zickzack am Hang an. Anfänglich ist noch der Teide-Ginster anzutreffen, dann umgeben uns vegetationslose Felshänge. Mit etwas Glück können wir hier indes das im April/Mai blühende Teide-Veilchen entdecken. Wir überwinden nun die steilste Hangpartie, den Lomo Tieso (»Strammer Rücken«). Auf zwei Hangverflachungen, der Estancia de los Ingleses (»Aufenthalt der Engländer«) und der den deutschen Reisenden gewidmeten Estancia de los Alemanes bieten sich im Schatten großer Steinbrocken Rastmöglichkeiten. Nach 1¼ Stunden erreichen wir den *Refugio de Altavista*.

Auf einem etwas steileren Pfad, der teilweise durch meterhohe Lavaformationen führt, steigen wir weiter bergauf. Nach etwa 45 Minuten erreichen wir eine Hangverflachung, genannt La Rambleta. Es handelt sich um den Rand eines älteren Kraters, der durch jüngere Vulkanausbrüche aufgefüllt wurde. Hier stoßen wir auf einen grob gepflasterten Querweg, auf dem wir nach rechts einen kurzen Abstecher zu dem Aussichtspunkt »Fortaleza« machen können; die Wanderung führt jedoch links weiter. Der Weg verläuft ohne große Höhenunterschiede auf der Hangverflachung.

15 Minuten später gelangen wir oberhalb der Seilbahnstation auf den abmarkierten Weg, der nach rechts zum Gipfel führt. Falls die Seilbahn fährt, herrscht hier mitunter dichtes Gedränge; aus Gründen des Landschaftsschutzes darf der Gipfelpfad daher nicht mehr verlassen werden. Nach 20 Minuten teilweise wieder recht steilem Aufstieg haben wir den von Schwefeldünsten umwehten Gipfel des *Pico del Teide* erreicht.

Auf steinigen Pfaden (Foto: Ulrich Schnabel)

Vom höchsten Berg Spaniens bietet sich ein hinreißender Ausblick auf ganz Teneriffa und bei klarer Sicht auf die umliegenden Inseln des Archipels: Gran Canaria, La Gomera, El Hierro und La Palma. Falls sich, wie so häufig, ringsum eine Passatschicht ausbreitet, schauen nur die höchsten Gipfel aus dem Wolkenmeer; La Palma erscheint dann wie zwei getrennte Inseln.

El Portillo – Cañada de la Grieta – Parador de las Cañadas

Verkehrsmöglichkeiten Mit dem Bus 348 Puerto de la Cruz – Las Cañadas, aussteigen in El Portillo. Rückfahrt mit derselben Buslinie vom Berghotel (Parador de las Cañadas).
Tourenlänge 16 Kilometer.
Wanderzeit 4 Stunden.
Höhenunterschiede Die Wanderung verläuft mit geringen Höhenunterschieden auf rund 2100 Metern Meereshöhe.
Topographische Karten Mapa General Serie 5V 1:25 000 »Teide« (77–80) und »Las Cañadas del Teide« (77–81).
Wissenswertes Diese leichte Wanderung führt am Rande des Cañadas-Riesenkraters entlang und macht uns mit ihrer bizarren Vulkanlandschaft vertraut. Unterwegs begegnen uns vielfarbige Gesteinsformationen, wüstenhafte Schwemmebenen, durch

Windschliff zernagte Felsen und die für diese Hochgebirgsregion typischen Pflanzen. Immer wieder bieten sich schöne Ausblicke auf den Pico del Teide.

Tourenbeschreibung Von der Bushaltestelle *El Portillo* gehen wir auf der Hauptstraße am Restaurant vorbei in Fahrtrichtung weiter. Nach kurzer Zeit beginnen Parkplätze entlang der Straße. Rechts liegt das Cañadas-Besucherzentrum; links zweigt ein Fahrweg von der Hauptstraße ab, der durch eine braune Eisenschranke für den Verkehr gesperrt ist. Wir folgen diesem Weg in die unwirkliche Welt der Cañadas. Nach etwa fünf Minuten gehen wir an der Weggabelung rechts weiter und passieren gleich danach eine weitere Metallschranke.

Links vor uns erhebt sich die Montaña de las Arenas Negras (»Berg des schwarzen Sandes«), ein junger Vulkankegel. Bald führt der Weg nahe an die steile Innenwand des Riesenkraters der Cañadas heran, der wir nun für den Rest der Wanderung folgen. Die Felswände sind unregelmäßig zerklüftet und an einigen Stellen ausgehöhlt. Der Weg führt abwechselnd durch sandige, ockergelb-rötliche Schwemmebenen (Cañadas), die an eine Wüstenlandschaft erinnern, und unwegsame Geröll- und Schlackegebiete. Gelegentlich schimmert am Boden Obsidian auf, ein schwarzes, glasiges Vulkangestein.

Etwa 1¼ Stunden nach Beginn der Wanderung sehen wir links eine rötliche, zerklüftete Felsgruppe. Danach führen undeutliche Wegspuren nach rechts, doch wir halten uns weiter auf

Las Cañadas am Fuße von Montaña de Guajara (2712 m), im Hintergrund der Pico del Teide (Foto: Ulrich Schnabel)

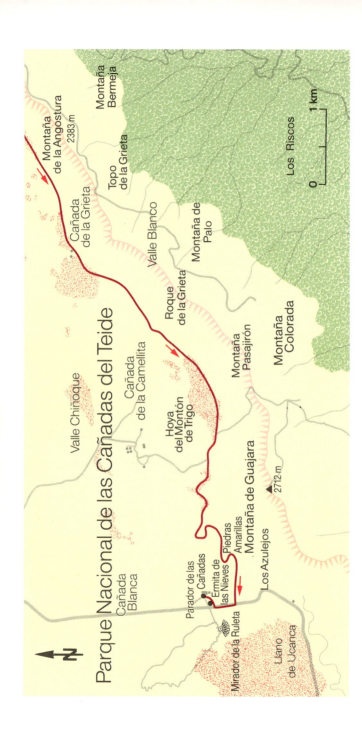

dem Hauptweg. In der linken Felswand sind nun zahlreiche Aushöhlungen zu sehen.

Nach ungefähr einer weiteren Stunde sehen wir rechts in dieser so einsamen Landschaft kleine, aus Trockenmauern errichtete Pferche. Wir durchqueren anschließend eine große Schwemmebene, die *Cañada de la Grieta,* an deren Rand weitere Pferche stehen. Es handelt sich um Viehställe aus der Zeit, als die Cañadas noch beweidet wurden. Der Weg führt dann in ein Gebiet, in dem der von Mai bis September rotblühende Teide-Natternkopf *(Echium wildpretii)* gedeiht. Auch im Winter ist diese Pflanze mit ihrem dann abgestorbenen Blütenstand noch unübersehbar.

Schließlich durchqueren wir eine weitere, langgestreckte Cañada. Bald nach deren Ende zweigt rechts ein Nebenweg ab, der (an einer ehemaligen Lungenheilanstalt vorbei) zur Talstation der Teide-Seilbahn führt; wir jedoch wandern geradeaus auf dem Hauptweg weiter. Wir befinden uns hier am Fuße der Guajara, der höchsten Erhebung des Kraterrandes (2712 m).

An einigen Basalttürmen vorbei wandern wir durch die kleine Cañada La Mareta. Der Weg steigt für kurze Zeit leicht an und führt schließlich in einer Schleife bergab. Im Westen erblicken wir das Berghotel Parador de las Cañadas neben der Ermita de las Nieves (»Schneekapelle«); dahinter erhebt sich die charakteristische Felsgruppe der Roques de García. Der Weg verläuft bald an vielfarbig zerklüfteten Felsformationen und durch Wind-

Nach kurzer Wanderung erreichen wir die »Mondlandschaft« (Paisaje Lunar)
(Foto: Andreas Stieglitz)

schliff ausgehöhlten Felsgerippen vorbei, die linkerhand aufragen und den Namen Piedras Amarillas (»Gelbe Steine«) tragen.

Unser Weg setzt sich nach einer Metallschranke als Asphaltstraße fort. Wir folgen ihr bis zur Einmündung auf die Hauptstraße und gehen rechts weiter, bis wir die Rechtsabzweigung zum Berghotel *Parador de las Cañadas* erreichen. Der Bus steht direkt vor dem Hotel bereit. Falls Zeit bis zur Abfahrt des Busses verbleibt, kann man sich in der Cafeteria stärken.

7 Campamento Madre del Agua – Paisaje Lunar – Campamento Madre del Agua

Verkehrsmöglichkeiten Anfahrt nur mit dem Auto (95 km). Von Puerto de la Cruz über die Cañadas-Straße Richtung Vilaflor fahren und etwa 3 Kilometer vor Erreichen des Ortes in einer scharfen Rechtsbiegung links auf einen breiten Fahrweg abbiegen (Holzschild »Lomo Blanco«). Nach 5,3 Kilometern auf diesem teilweise sehr holprigen Weg an der Gabelung rechts auf dem Hauptweg weiterfahren. An der Gabelung, die nach weiteren 3,5 Kilometern folgt, links halten. 400 Meter danach erreicht man das Picknickgebiet »Campamento Madre del Agua« (Holzschild).
Tourenlänge 5 Kilometer.
Wanderzeit 1½ Stunden.
Höhenunterschiede 200 Höhenmeter Auf- und Abstieg.
Topographische Karten Mapa General Serie 5V 1:25000 »Las Cañadas del Teide« (77–81).
Wissenswertes Ziel unserer kurzen Tour ist die bizarre »Mondlandschaft«, in einer kleinen Schlucht auf der kiefernbestandenen Südabdachung der Cañadas gelegen. Der Name ist freilich etwas irreführend, denn die merkwürdigen, durch Erosion freigelegten Tuff-Formationen erstrahlen in leuchtenden Pastellfarben. Mit dem frischen Grün der Kiefern und dem tiefen Blau des Himmels bietet die Mondlandschaft ein unvergleichliches Bild. In ihrer Entstehung ist die Mondlandschaft den Erdpyramiden Südtirols verwandt. Den weichen Tuffschichten lag einst eine feste Gesteinsschicht auf. Durch fortschreitende Erosion wurden die bunten Tuff-Formationen allmählich an den Hängen freigelegt. Die ursprüngliche Deckschicht ist heute bis auf einige noch vorhandene Decksteine abgetragen. In ihrem Schutze sind die charakteristischen pyramidenförmigen Tuff-Formationen stehengeblieben.

Anmerkung Die Mondlandschaft ist auch vom Parador Nacional de las Cañadas (über die Degollada de Guajara) bzw. von Vilaflor aus erreichbar, doch sind diese Routen lang und beschwerlich. Die Anfahrt mit einem Leihwagen ist daher zu empfehlen.

Tourenbeschreibung Wir gehen auf dem breiten Waldweg weiter, der das Picknick- und Erholungsgebiet *Campamento Madre del Agua* rechts (gegen den Uhrzeigersinn) halb umrundet. In der ersten scharfen Rechtskehre, die wir nach etwa zehn Minuten erreichen, verlassen wir den Weg und wandern schräg links auf dem am stärksten begangenen Pfad weiter. Er führt sogleich durch eine kleine Mulde und steigt im Kiefernwald an. Nach knapp zehn Minuten Aufstieg gabelt sich der Pfad vor einem Wasserrohr, und wir gehen links weiter. Der Pfad verläuft in der Nähe des Wasserrohrs am Hang entlang. Eine Rechtsabzweigung lassen wir unbeachtet.

Oberhalb einiger alter, halbverfallener Wasserhäuschen gabelt sich der Pfad. Geradeaus geht es zu einem Wasserstollen am Hang, wir jedoch steigen rechts bergan (roter Pfeil und »P.L.« auf einem Felsblock). Der Hang fällt nach links zu einer kleinen Schlucht ab. Der Pflanzenbewuchs wird nun dichter. Im Unterwuchs des Kiefernwaldes gedeihen Zistrosen und Codeso. Der stete Aufstieg führt uns bald zum Fuße des *Paisaje Lunar*. – Nachdem wir die »Mondlandschaft« mit ihren bizarren Erosionshängen erkundet haben, kehren wir auf demselben Weg zum *Campamento Madre del Agua* zurück.

8 La Caldera – Choza Chimoche – Los Órganos – Roque Gordo – Choza El Topo – El Velo (Aguamansa)

Verkehrsmöglichkeiten Anfahrt mit Bus 345 von Puerto de la Cruz nach La Caldera; 50 Minuten Fahrzeit. Rückfahrt mit der selben Buslinie; einsteigen am unteren Buswartehäuschen von Aguamasa (El Velo). Abfahrt hier etwa 5 Minuten später als La Caldera.
Tourenlänge 15 Kilometer.
Wanderzeit 4½ Stunden.
Höhenunterschiede Leichter bis mäßig steiler Aufstieg über 500 Höhenmeter; leichter bis mäßig steiler Abstieg über 650 Höhenmeter.
Topographische Karten Mapa General Serie 5V 1:25000 »Arafo« (78–79).
Wissenswertes Diese Wanderung über die dicht bewaldeten Steilhänge des Orotava-Tals hinterläßt unvergeßliche Eindrücke. Von dem waldigen Kraterkessel La Caldera, in dem ein Picknick- und Freizeitgelände angelegt wurde, wandern wir an einem Wasserstollen vorbei (siehe Tour 2) bergauf. Großartig ist der dann folgende Abschnitt, der eine gewisse Trittsicherheit erfordert. Der Weg windet sich ohne große Höhenunterschiede an steilen Hängen entlang und umrundet wildromantische Schluchten mit üppig wuchernder Vegetation. Auf den weichen Kiefernadeln gehen wir wie auf einem Teppich. Es bieten sich Ausblikke auf die Bucht von Puerto del la Cruz, das Orotava-Tal und gelegentlich hinüber zum Pico del Teide. Auf schattigen Waldwegen wandern wir schließlich in den Weiler El Velo (Aguamansa) hinab.
Anmerkung Zum Schluß der Wanderung kann die Forellenzucht Aguamansa besucht werden, indem man der Hauptstraße von El Velo ein kurzer Stück bergauf folgt. Die Zuchtbecken (rechts) können besichtigt werden; im gegenüberliegenden Restaurant gehören frische Forellen zu den Spezialitäten (je nach Jahreszeit nicht immer erhältlich).
Tourenbeschreibung Von der Endhaltestelle des Busses gehen wir gegen den Uhrzeigersinn auf der Einbahnstraße weiter, die den Kraterkessel *La Caldera* umrundet (Wegweiser »Chimoche«). Im Krater (linkerhand) wurde ein hübsches Erholungsgebiet mit schattigen Picknickplätzen angelegt. Nach etwa 150 Metern zweigen kurz hintereinander rechts zwei Waldwege ab: Wir gehen an der ersten Abzweigung vorbei und biegen auf den zweiten Weg (Schild »Pasada das Bestias« sowie »Pedro Gil«

und »Chimoche«). Nun wandern wir durch Kiefernwald sanft bergan; im Unterwuchs gedeihen niedrige Baumheide und Zistrosen.

Bald bietet sich nach links über ein Tal hinweg ein guter Ausblick auf die Felswand »Los Órganos«. Die Erosion hat aus dem Vulkangestein riesige Säulen herausgearbeitet, die gleich überdimensionalen »Orgelpfeifen« die senkrecht abbrechende Felswand strukturieren. Wir erreichen einen kleinen Platz, an dem sich der Weg verzweigt; links steht eine ICONA-Steinsäule (»Pasada de las Bestias«). Geradeaus geht es zum »Pedro Gil« (gelber Wegweiser), doch halten wir uns rechts auf dem weiter ansteigenden Weg.

Kiefernwald im oberen Orotava-Tal (Foto: Andreas Stieglitz)

Nach kurzem Anstieg passieren wir die Galería Chimoche, deren riesige Abraumhalde wir zuerst erblicken. Der breite Waldweg steigt in Serpentinen weiter an und erreicht bald ein offeneres Gelände, die Talmulde des kleinen Barranco de los Llanos. Die Felsen sind mit dekorativen Rosetten bewachsen; ringsum stehen vereinzelt Eukalyptusbäume. Alsbald durchqueren wir das Geröllbett des meist ausgetrockneten Bachlaufs. Gleich danach erreichen wir eine Wegkreuzung, an der die Schutzhütte *Choza Chimoche* steht.

Wir biegen auf den Waldweg nach links (Wegweiser »Camino a Candelaria«) und durchqueren nach wenigen Minuten erneut das Geröllbett des Barranco de los Llanos. Unmittelbar danach verlassen wir den Waldweg und nehmen den Pfad, der nach

links am Hang ansteigt. Wir haben nun den schmalen Hangweg erreicht, dem wir die nächsten zwei Stunden folgen werden.

Zunächst verläuft er auf einem Hang aus grauer Vulkanschlacke, der mit Kiefern aufgeforstet wurde. Die Erosion hat in dem lockeren Gesteinsmaterial tiefe Spülfurchen und steilwandige Schluchten geschaffen. Dann wird die Vegetation üppiger. An den Kiefern hängen lange Bartflechten; auf den Felsen wachsen Rosetten. Erneut kommen wir durch ein Gebiet vulkanischer Schlacke. Nun wandern wir oberhalb der Felswand *Los Órganos* entlang. Der Hangweg schlängelt sich durch urwüchsige Kiefernwälder und wildromantische Talschluchten.

Nach einer knappen Stunde auf dem Hangweg kommen wir an einem Felsvorsprung vorbei, der durch ein Holzgeländer gesichert ist. Ein kleiner, niedriger Pfosten mit der Nummer »7« markiert diese Stelle. Danach führt der Weg an einer senkrecht abbrechenden Felswand entlang; rechts verläuft ein Geländer.

Bald passieren wir einen Pfosten mit der Nummer »9«. Wir wandern durch weitere Talschluchten mit üppiger Vegetation. Eine halbe Stunde nach Pfosten Nummer »9« passieren wir die Nummer »10«.

Vor einer Felswand mit aufgemaltem weißen Pfeil knickt unser Weg schließlich nach rechts. Nun sind es noch knapp zehn Minuten bis zur entscheidenden Abzweigung: Wir steigen ein letztes mal bergauf, wandern dann ein kurzes Stück auf gleichbleibender Höhe und erreichen im Gebiet des *Roque Gordo* einen Felsvorsprung (1560 m). Hier steht ein Pfosten mit der Nummer »11« und einem grünen Pfeil nach links. Wir verlassen nun den Hangweg und beginnen mit dem Abstieg, indem wir dem Pfad folgen, der links von dem Felsvorsprung in Serpentinen ziemlich steil hinab führt.

Nach zehn Minuten kommen wir auf einem Rücken an und gehen entlang dessen höchster Stelle durch den Wald weiter bergab. Weitere fünf Minuten später stoßen wir bei einem Pfosten mit der Nummer »12« auf einen Fahrweg, dem wir nach links (bergab) folgen. Er führt in weiten Serpentinen durch das Gebiet des Roque de El Tope. Nach einer guten halben Stunde auf diesem Weg halten wir uns an der Weggabelung rechts. Bald darauf mündet rechts ein Nebenweg ein: Wir gehen geradeaus auf dem Hauptweg weiter bergab. Schließlich stoßen wir an der Schutzhütte *Choza El Topo* auf einen Querweg.

Wir folgen ihm nach links und wandern gemächlich im Wald bergab. Nach gut zehn Minuten heißt es aufgepaßt: Wir verlas-

Eidechse (Foto: Andreas Stieglitz)

sen unseren Fahrweg in einer Linksbiegung und biegen rechts auf einen absteigenden Weg. Dieser Weg führt uns zu einem Querweg hinab, dem wir nach links (bergab) folgen. Bald wandern wir am Waldrand entlang. Nach links blicken wir über fruchtbare Ackerterrassen, die von Eßkastanien gesäumt werden.

Nach gut fünf Minuten auf diesem Weg erreichen wir eine Gabelung, an der wir uns links halten. Auf einem betonierten Sträßchen geht es weiter bergab. Nach kurzer Zeit stoßen wir auf die Biegung eines Asphaltsträßchens und gehen links weiter. Das Sträßchen umläuft zwei kleine Täler und mündet dann auf die Dorfstraße von *El Velo*. Wir folgen der Dorfstraße nach links steil bergauf. Rechts an der Einmündung auf die Hauptstraße steht das untere Buswartehäuschen von *Aguamansa*.

9 La Caldera – Los Órganos – Choza Almadi – Cruz de las Lajitas – El Pino Alto – Las Cuevas

Verkehrsmöglichkeiten Anfahrt mit dem Bus 345 von Puerto de la Cruz nach La Caldera; Fahrzeit 50 Minuten. Rückfahrt mit dem Bus 101 von Las Cuevas nach Puerto de la Cruz.
Tourenlänge 20 Kilometer.
Wanderzeit 5 Stunden.
Höhenunterschiede Mäßig steiler Aufstieg über 350 Höhenmeter; leichter bis steiler Abstieg über 1250 Höhenmeter.
Topographische Karten Mapa General Serie 5V 1:25 000 »Arafo« (78–79) und »La Orotava« (77–78; 77–79).
Wissenswertes Diese abwechslungsreiche Wanderung führt über den östlichen Steilhang des Orotava-Tals und stellt gewissermaßen das Gegenstück zu Tour 5 dar. Etwas Energie und Ausdauer sind schon nötig, um zunächst in luftige Höhen (1500 m) hinaufzuwandern und anschließend den langen Abstieg zu bewältigen. Belohnt werden wir mit einzigartigen Ausblicken, die von der Nordküste über das gesamte Orotava-Tal bis zum Pico del Teide reichen.

Zunächst wandern wir auf einem bequemen Waldweg unterhalb der Felswand »Los Órganos« vorbei. Dann steigt unser Weg in weiten Serpentinen an. Stattliche alte Kiefern, deren Zweige mit langen gelbgrünen Bartflechten *(Usneaceae)* behangen sind, stehen an den Hängen. Am oberen Rand der Steilwand wandern wir mit weiten Ausblicken bergab. Schließlich lassen wir den Kiefernwald hinter uns und gelangen in die Höhenstufe des Nebelwaldes. Über den Weiler El Pino Alto (»Die hohe Kiefer«), herrlich am Osthang des Orotava-Tals gelegen, wandern wir nach Las Cuevas hinab. Hier können wir abschließend in das Café Humboldtblick einkehren.

Vom Café wie auch dem offiziellen Aussichtspunkt (Mirador), der etwa 800 Meter weiter östlich Richtung Santa Ursula liegt, bietet sich jener berühmte Ausblick, der Alexander von Humboldt 1799 begeistert aussprechen ließ, daß er auf all seinen Reisen »nirgends ein so mannigfaltiges, so anziehendes, durch die Verteilung von Grün und Felsmassen so harmonisches Gemälde« gesehen habe. Obwohl sich dem Besucher aufgrund der Zersiedlung der Landschaft heute ein stark verändertes Bild präsentiert, ist der Blick immer noch einzigartig: Er reicht von den Bananenplantagen am Meer über die Ackerbauzone und die sich anschließenden Wälder bis hin zum vegetationslosen, im Winter schneebedeckten Gipfel des Pico del Teide.

Anmerkung Das Café Humboldtblick ist täglich außer montags von 11 bis 20 Uhr geöffnet.

Tourenbeschreibung Von der Endhaltestelle des Busses folgen wir im Uhrzeigersinn der Straße, die an dem Ausflugslokal (Bar) vorbei den Kraterkessel *La Caldera* umrundet. Im Krater (rechterhand) liegt ein schattiges Picknick- und Freizeitgelände. Nach etwa 150 Metern biegen wir links auf einen breiten Fahrweg (Wegweiser »Los Órganos« und »Pista Monte del Pino«). Er führt auf etwa gleichbleibender Höhe durch würzigen Kiefernwald; bald erblicken wir vor uns die Felswand *Los Órganos*.

Eine halbe Stunde nach Beginn der Wanderung führt der Weg durch eine herrliche Talschlucht, den Barranco de la Madre. Gut 15 Minuten später passieren wir die Schutzhütte Choza El Topo und gehen hier an der Rechtsabzweigung vorbei geradeaus weiter. Bald darauf kommen wir durch eine weitere großartige Talschlucht, den Barranco del Infierno.

Nun beginnt der anhaltende Aufstieg. Der Weg steigt in zahlreichen Serpentinen an. Aufgrund des häufig hier herrschenden Nebels sind die Kiefern mit langen Bartflechten behangen. Anderthalb Stunden nach der Choza El Topo erreichen wir eine weitere Schutzhütte, die *Choza Almadi* (1470 m). Hier verzweigt sich der Weg: Zwei Wege führen bergab, der dritte steigt nach rechts an.

Auf dem linken Weg beginnt unser langer Abstieg. Wir wandern am Rande der Steilwand entlang, die nach links zum Orotava-Tal abfällt. Falls nicht gerade Nebelschwaden die Sicht verwehren, genießen wir nun hinreißende Ausblicke auf das Orota-

va-Tal, im Hintergrund überragt vom Pico del Teide. Nach 20 Minuten gehen wir an der Rechtsabzweigung eines Weges vorbei weiter bergab. Etwa 30 Meter danach halten wir uns an der Weggabelung links. Der Weg führt nun ziemlich steil auf eine kleine flache Kuppe hinunter, auf der ein Heiligenschrein steht. Wir sind am Aussichtspunkt *Cruz de las Lajitas* angekommen, der sich für eine Rast mit hervorragender Aussicht anbietet.

Etwa 150 Meter nach diesem Aussichtspunkt halten wir uns an der breiten Weggabelung links. Auch an der nächsten Weggabelung, die wir kurze Zeit später erreichen, gehen wir links weiter. Der Weg führt recht steil durch buschigen Wald bergab. Wir stoßen schließlich auf einen Querweg, dem wir nach links folgen. Es beginnt ein wunderschöner Wegabschnitt: In weiten Serpentinen wandern wir durch dichten Nebelwald.

Nach einer guten halben Stunde erreichen wir einen breiten geschotterten Querweg, dem wir nach links (bergab) folgen. Bald passieren wir einen kleinen Picknickplatz mit Grillstelle und Schutzhütte. Der Fahrweg führt danach durch aromatisch duftenden Eukalyptuswald. Hier lassen wir alle Seitenwege unbeachtet.

Nach einer halben Stunde verläßt unser Fahrweg den Wald und setzt sich als Asphaltstraße fort, die steil bergab führt. Fünf Minuten später verzweigt sich die Straße: Nach rechts geht es steil bergab, wir jedoch gehen links am Hang entlang weiter. Über terrassierte Hänge fällt der Blick auf das Meer. Fünf Minuten später erreichen wir eine weitere Straßengabelung und gehen wiederum links weiter. Kurz darauf passieren wir einen Heiligenschrein, die Cruz de la Atalaya (770 m). Nun bietet sich ein großartiger Blick auf das Orotava-Tal, im Hintergrund überragt vom Pico del Teide. Die Küstenlinie reicht nach Westen bis zum Teno-Gebirge.

Das Asphaltsträßchen schlängelt sich am Hang entlang langsam bergab; alle Seitenwege lassen wir unbeachtet. Bald durchqueren wir den kleinen Barranco del Pino; gleich danach passieren wir einen weiteren Schrein. Es geht langsam nach *El Pino Alto* hinunter. Bei den ersten Häusern des Weilers passieren wir das Kirchlein und stoßen auf eine Querstraße, der wir nach links folgen.

Es geht nun steil auf der Straße bergab. Zehn Minuten später kommen wir an einem runden Betonwasserbehälter (rechts) vorbei. Direkt danach gehen wir an der Rechtsabzweigung eines Fahrweges vorbei. Nach etwa 100 Metern biegen wir vor einem Strommast rechts auf ein asphaltiertes Sträßchen, das an einer Mauer entlang bergab führt.

Bald setzt es sich grob gepflastert fort, und es wird deutlich, daß wir auf einem alten Verbindungsweg wandern. Nach kurzer Zeit unterqueren wir eine Wasserleitung. Etwa 150 Meter dahinter gabelt sich der Weg. Links geht es zu einem Haus, doch schwenken wir nach rechts, an einem Wasserbehälter entlang. Der Weg mündet sogleich auf die Biegung eines Fahrweges, dem wir nach links (bergab) folgen.

Bald unterqueren wir eine weitere Wasserleitung. Kurze Zeit später führt links eine Asphaltstraße in ein Villengebiet (Los Gómez), doch gehen wir geradeaus auf dem Weg weiter. Vor einem Strommast stoßen wir auf einen Querweg, dem wir nach links folgen. Er mündet auf einen weiteren Querweg, auf dem wir nach rechts (bergab) weitergehen. Als Asphaltstraße setzt er sich durch eine Villengegend fort, um gegenüber dem Café Humboldtblick auf die Hauptstraße in *Las Cuevas* zu stoßen. Die Haltestelle Richtung La Orotava liegt etwa 100 Meter nach rechts, auf der Straßenseite des Cafés.

10 Punta del Hidalgo – Las Rosas – El Peladero – Ermita Cruz del Carmen

Verkehrsmöglichkeiten Anfahrt mit dem Direktbus 102 von Puerto de la Cruz nach La Laguna; Fahrzeit 45 Minuten. Hier umsteigen in den Bus 105 nach Punta del Hidalgo (Fahrzeit 40 Minuten); aussteigen an der zentralen Bushaltestelle im Ort (gegenüber der Kirche). Rückfahrt mit dem TRANSMERSA-Bus Las Carboneras – La Laguna, einsteigen an der Ermita Cruz del Carmen. Die Haltestelle befindet sich direkt am Restaurant; Abfahrtszeit 50 Minuten später als in Las Carboneras (etwa 16.50 Uhr). In La Laguna umsteigen in den Direktbus 102 nach Puerto de la Cruz.
Tourenlänge 10 Kilometer.
Wanderzeit 3½ Stunden.
Höhenunterschiede Leichte bis mittelschwere Aufstiege über insgesamt 1000 Höhenmeter.
Topographische Karten Mapa General Serie 5V 1:25000 »Punta del Hidalgo« (79–77).
Wissenswertes Diese bisher noch nicht beschriebene Wanderung bietet ein einzigartiges Erlebnis: Auf einem stillgelegten Wasserkanal wandern wir am Rande einer Schlucht in das Anaga-Gebirge hinein. Der Kanal wurde kunstvoll in die teilweise überhängenden Felswände gehauen, führt durch kurze Tunnel,

Unser Weg durch den Wasserkanal bei Las Rosas (Foto: Andreas Stieglitz)

überquert kleine Brückchen und schlängelt sich mit minimaler Steigung an den Hängen entlang. 1948 wurde der Wasserkanal vollendet, und von Anfang an diente er auch als Verbindungsweg zwischen den abgelegenen Bergdörfern im Inneren des Anaga-Gebirges und Punta del Hidalgo an der Nordküste. Früher traf man hier häufig Einheimische, doch seit dem Bau der Fahrstraßen wird der Kanal kaum noch begangen. Heute ist er ganz den Wanderfreunden vorbehalten.

Anschließend gehen wir auf einem Fahrweg durch den Weiler El Peladero weiter bergauf. Vereinzelt sehen wir Höhlenwohnungen mit richtigen Hausfassaden, die sich harmonisch in die Landschaft einfügen. Wir wandern noch eine Zeitlang durch Nebelwald, bevor wir unser Ziel, die Ermita Cruz del Carmen, erreichen. Von der Aussichtsterrasse bietet sich ein schöner Ausblick auf die saftig grüne Hochebene von La Laguna.

Anmerkung Der Wasserkanal ist nicht mehr in Funktion, seit eine moderne Druckwasserleitung verlegt wurde. Dennoch kann nach stärkeren Niederschlägen so viel Wasser im Kanal stehen, daß ein Begehen erschwert ist. Wasserdichte Schuhe sind in der regenreichen Jahreszeit generell zu empfehlen. Eine Taschenlampe ist auf einem etwas längeren Tunnelabschnitt nützlich, jedoch nicht unbedingt erforderlich.

Tourenbeschreibung Wir gehen von der zentralen Bushaltestelle in *Punta del Hidalgo* auf der Hauptstraße noch einige Schritte in Fahrtrichtung bergauf und biegen dann rechts in eine

Seitenstraße (»Camino El Callejón«). Teilweise recht steil steigen wir auf dieser eigentlichen Dorfstraße von Punta del Hidalgo an. Nach etwa 15 Minuten lassen wir die letzten Häuser hinter uns. Rückblickend bietet sich eine schöne Aussicht auf den Ort hinab; dahinter breiten sich auf einer flachen, weit ins Meer vorgeschobenen Landzunge Bananenplantagen aus. Links vor uns öffnet sich eine steilwandige Schlucht, der Barranco Seco (»Trockene Schlucht«); rechts überziehen schmale Ackerterrassen die Hänge.

Wir folgen dem Sträßchen stetig bergauf. Schließlich endet die Asphaltierung, und wir gehen auf einem ansteigenden Fahrweg weiter. Nach etwa 150 Metern führt unser Weg an dem Mast einer Hochspannungsleitung vorbei; kurz danach folgt ein zweiter Mast. Nun verläuft unser Weg bergab; schräg links vor uns öffnet sich die Schlucht des Barranco Seco. Am rechten Steilhang (ungefähr auf unserer Höhe) ist bereits der Wasserkanal zu erkennen, dem wir bald folgen werden. Unser Fahrweg verschmälert sich zum Pfad und führt in ein kleines Seitental hinein, das wir nach links umrunden.

Am gegenüberliegenden Hang folgen wir dem leicht ansteigenden Pfad etwa eine Minute, bis er sich nach einem verwitterten »Sendero turístico«-Schild (gelbe Raute auf einem Felsen) gabelt. Wir halten uns links – auf gleicher Höhe – und stoßen hier auf einen halb verschütteten Wasserkanal, der zunächst nur undeutlich zu erkennen ist. Nun folgen wir dem Pfad am Wasserkanal entlang. Nach fünf Minuten beginnt der intakte Teil des Wasserkanals. Wir können nun direkt im Wasserkanal gehen; lediglich an einigen Stellen, wo die seitlichen Felswände allzusehr überhängen, müssen wir auf den schmalen Rand ausweichen.

Bald durchwandern wir einen großartigen Streckenabschnitt: Der Wasserkanal windet sich hoch über der Schlucht an steilen Felswänden entlang, führt durch kurze Tunnel und passiert kleine Höhlen. Immer wieder bieten sich neue überraschende Ausblicke. Die Felsen sind von rötlicher Farbe und haben der Gegend ihren Namen *Las Rosas* gegeben.

Dann führt der Kanal über zwei Brückchen. Bald danach durchqueren wir einen etwas längeren Tunnel. Falls man keine

El Peladero (Foto: Andreas Stieglitz)

Taschenlampe mitführt, ist Vorsicht mit der Höhe geboten, denn nur allzu leicht stößt man sich im Halbdunklen den Kopf an. Nach dem Tunnelausgang blicken wir auf einen in Terrassen angelegten Hang. Hier folgen wir einem Pfad ein kurzes Stück unterhalb des Wasserkanals, bis er zum Kanal hinaufführt.

Bald erreichen wir das Ende des Wasserkanals, der im Bachbett des Barranco an einem kleinen Wehr beginnt. Wir gehen auf dem Pfad weiter, der in die Schlucht hineinführt. Die Schlucht wird durch eine Felswand abgeschlossen, an der nach Regenfällen ein Wasserfall herabstürzt. Vor der rechten Felswand, an der eine Rohrleitung hinunterführt, schwenkt der Pfad nach rechts und steigt dann im Zickzack recht steil am Hang an.

Nach kurzem Aufstieg kommen wir auf einer Hangverflachung heraus und erblicken zwischen terrassierten Hängen die verstreuten Häuschen von *El Peladero* (»Das Ödland«). Hier gehen wir auf einem Fahrweg weiter, der an dem uns nächstgelegenen Haus beginnt. In Serpentinen führt dieser Fahrweg nun langsam aus dem Tal – dem Oberlauf des Barranco Seco – heraus. Wir gehen dort, wo von links hinten ein Weg einmündet, geradeaus auf dem Hauptweg weiter.

Bei einigen Häusern von El Peladero ist zu erkennen, daß es sich um natürliche Felshöhlen handelt, die ausgebaut und mit sorgfältig gemauerten Fassaden versehen wurden. Bald bietet sich linkerhand (nach Nordosten) ein schöner Blick in eine weite Nachbarschlucht, den Barranco del Tomadero. Auf dem gegenüberliegenden Hang liegt das Höhlendorf Chinamada, und nach einiger Zeit können wir unten in der Schlucht den Weiler Batán sehen.

Unser Fahrweg mündet schließlich auf eine Asphaltstraße, der wir nach rechts (Richtung »Pico del Inglés«) folgen. Die Straße führt in die Höhenstufe des Nebelwaldes hinauf. Nach zehn Minuten verlassen wir die Asphaltstraße, wo gegenüber der Einmündung eines Fahrweges links ein gestufter Weg steil in den Wald ansteigt. Wir stoßen sogleich auf einen alten Weg, der von rechts grob gepflastert heraufführt und dem wir bergauf folgen. Bald gelangen wir wieder auf die Asphaltstraße, der wir weiter ansteigend folgen.

Zehn Minuten später biegen wir auf einen links abzweigenden Fahrweg (Wegweiser nach »Las Carboneras«). Er verläuft auf etwa gleichbleibender Höhe am Hang; am linken Wegesrand gedeihen vereinzelt Hortensien. Wir kommen bald an einem ehemaligen Steinbruch vorbei. Eine Viertelstunde später verlassen wir den Fahrweg in einer Rechtsbiegung und biegen rechts auf einen zunächst stufig ansteigenden Weg (Wegweiser »Casa Forestal«). Im dichten Nebelwald geht es nun bergauf. Die Stämme der knorrigen Lorbeerbäume sind mit Flechten und Moos bedeckt, große Adlerfarne säumen den Weg. Wir kommen schließlich an einer Wegverzweigung heraus und sehen rechts ein Forsthaus, gehen jedoch auf dem Fahrweg nach links weiter.

Der Weg verläuft genau auf der Kammlinie des Anaga-Gebirges. Von der höchsten Stelle des Weges (am Cabezo de Zabata, 982 m) bietet sich rückblickend bei dunstarmer Witterung eine wunderbare Aussicht auf den Pico del Teide und die Nordküste Teneriffas. Beim Weitergehen erblicken wir dann bei guter Fernsicht schräg rechts vor uns über den Nebelwald hinweg die Nachbarinsel Gran Canaria.

Bald passieren wir ein Restaurant (Bar) und stoßen hier auf die Hauptstraße; gegenüber steht die *Ermita Cruz del Carmen*. Von der Aussichtsterrasse am Ende des Parkplatzes bietet sich ein schöner Blick über die saftig grüne Hochebene von La Laguna auf den Höhenzug der Cumbre Dorsal und den dahinter aufragenden Pico del Teide.

11 Punta del Hidalgo – Chinamada – Las Carboneras

Verkehrsmöglichkeiten Anfahrt mit dem Direktbus 102 von Puerto de la Cruz nach La Laguna; Fahrzeit 45 Minuten. Hier umsteigen in den Bus 105 nach Punta del Hidalgo; Fahrzeit 45 Minuten. An der Endhaltestelle aussteigen. Rückfahrt mit dem TRANSMERSA-Bus von Las Carboneras (Abfahrt 16 Uhr) nach La Laguna; Fahrzeit 1 Stunde 15 Minuten. Umsteigen in den Direktbus 102 nach Puerto de la Cruz.
Tourenlänge 7 Kilometer. **Wanderzeit** 2¼ Stunden.
Höhenunterschiede Mäßig steiler Aufstieg über 600 Höhenmeter.
Topographische Karten Mapa General Serie 5V 1:25000 »Punta del Hidalgo« (79–77).
Wissenswertes Ausgangspunkt unserer Tour ist Punta del Hidalgo (»Landspitze des Edelmannes«), ein vom Tourismus noch weitgehend unberührtes Dorf mit schlichten, weißen Häusern und einer dunkelbraun gestrichenen Kirche. Auf einem alten Fußweg wandern wir über schroffe, bizarr verwitterte Felshänge in das Anaga-Gebirge hinein.

Unser erstes Ziel heißt Chinamada. Seitdem der Weiler 1990 durch einen Fahrweg an die Zivilisation angeschlossen wurde,

Anaga-Gebirge (Foto: Ulrich Schnabel)

stehen Autos vor den Türen; Solarkollektoren und Fernsehantennen sind zu sehen. Welch ein bizarrer Kontrast zu den Häusern, die aus ausgebauten Höhlen bestehen und vollständig im Fels angelegt wurden! Gepflegte Hausfassaden, in Pastellfarben gehalten, sind den Höhlenwohnungen vorgeblendet. Das Wohnen in ausgehauenen Felshöhlen hat auf Teneriffa eine lange Tradition, denn schon die Urbewohner der Insel, die Guanchen, ließen sich in ihnen nieder. Rings um Chinamada breiten sich Ackerterrassen und üppige Wiesenhänge aus; ein Drachenbaum steht dekorativ am Hang. Es ist nur bedauerlich, daß im Mittelpunkt des Weilers eine viel zu groß geratene Kapelle errichtet wurde – dort, wo sich früher zwei Dreschplätze befanden.

Von Chinamada wandern wir auf einem Fahrweg weiter nach Las Carboneras. Umgeben von rötlichen Ackerterrassen liegt der schlichte Weiler mit seinen weißgekalkten Häusern am Westhang des Barranco de Taborno. Es bieten sich schöne Ausblicke auf die Schlucht und die einrahmenden Bergketten. Der Name des Weilers bedeutet »Die Kohlenmeiler« und verweist auf die teilweise bis heute betriebene Köhlerei.

Tourenbeschreibung Die Endhaltestelle des Busses in *Punta del Hidalgo* liegt an einem Straßenrondell, in dessen Mitte ein Denkmal und ein Gebäude stehen. Hier führt eine Asphaltstraße (»Camino el Final«) weiter, der wir etwa 30 Meter bergab folgen, bis rechts ein Fahrweg abzweigt (Schild »Chinamada«). Wir wandern auf ihm hinab. In Blickrichtung vor uns liegt die großartige Schlucht des Barranco del Río. Links erhebt sich ein markanter Doppelgipfel, der schroff zur Küste abbricht: El Roque Dos Hermanos (340 m), der »Felsen der zwei Brüder«.

Nach fünf Minuten gehen wir an der Rechtsabzweigung eines Weges, der an einer Eisenschranke beginnt, vorbei. Unser Weg führt dann rechts an einem Haus vorbei und ist hier durch eine Eisenkette für Fahrzeuge gesperrt. In einigen Serpentinen folgen wir dem Weg in den *Barranco del Río* hinab; wir umrunden dabei ein halbverfallenes, fabrikartiges Gebäude.

Nach links öffnet sich die Schlucht zur Kiesbucht »Playa de los Troches« (kurzer, lohnender Abstecher); um der Wanderung zu folgen, wenden wir uns jedoch nach rechts und gehen auf dem Geröllbett einige Schritte in die Schlucht hinein. Links sehen wir sogleich die Abzweigung des Weges, der nach Chinamada ansteigt (markiert durch grüne Pfeile und ein Holzschild »Chinamada«). Der Pfad steigt am Geröllhang an und führt aus der Schlucht heraus. Bald haben wir den Rand einer kleinen Hangverflachung erreicht und gehen entlang eines Steinmäuerchens weiter.

Unser Weg klettert danach stetig am Hang empor. Die rotbraunen Felswände, mit ockergelben Flechten bewachsen, und die grünen Abhänge, auf denen verschiedene Lavendel-Arten, Kandelaber-Wolfsmilch, Tabaiba-Bäumchen und Feigenkakteen

gedeihen, bilden wunderbare Farbkontraste gegen den tiefblauen Himmel. Herrlich sind die Ausblicke in die grüne Talschlucht und rückblickend auf Punta del Hidalgo mit dem neuen Leuchtturm. Nach 45 Minuten Aufstieg erreichen wir unterhalb der markanten Felsspitze des Roque Dos Hermanos einen guten Aussichtspunkt. Wir genießen hier einen grandiosen Blick auf die jäh zum Meer abbrechenden Felswände. Tief unter uns liegt eine Bucht (Baja de la Caleta), die nach Osten durch die vorspringende Felswand der Punta Fajana begrenzt wird.

Unser Pfad steigt nun weiter an vielfarbigen Felswänden an, in denen sich kleine Höhlen öffnen. Teilweise führt unser Weg auch über Stufen, die in den Fels gehauen wurden. Der Blick in die Schlucht des Barranco del Río, der in seinem Oberlauf Barranco del Tomadero heißt, ist großartig. Bald erhebt sich rechts ein markanter, isolierter Felsen, der Roque de los Pinos (548 m).

45 Minuten nach unserem Aussichtspunkt unterhalb des Roque Dos Hermanos erreichen wir den Weiler *Chinamada*. Im Januar sollte man es nicht versäumen, links von der Kapelle einen Blick auf die sanften Wiesenhänge zu werfen, die zum Barranco de la Angostura abfallen – der leuchtende Blütenteppich des Gelben Sauerklees kontrastiert ganz wundervoll mit dem Meer, das in der Ferne tiefblau schimmert.

Wir wandern nun auf dem Fahrweg weiter. Nach 15 Minuten kommen wir durch einen Felseinschnitt, und nun bietet sich ein neues Bild: Jenseits des Barranco de Taborno erblicken wir

Blick auf Almáciga (Foto: Ulrich Schnabel)

einen messerscharf wirkenden Berggrat. Er wird von dem Roque de Taborno (706 m) gekrönt, der in seiner Form ein wenig an das Matterhorn erinnert. Rechts davon stehen die Häuschen des gleichnamigen Weilers. Unser Fahrweg führt gemächlich nach *Las Carboneras.* Die Bushaltestelle liegt dort, wo die Asphaltstraße am Ortseingang beginnt. Falls Zeit bis zur Abfahrt des Busses verbleibt, kann man im einzigen Restaurant (Bar) des Weilers einkehren und sich die vorzügliche Suppe munden lassen. Der herbe Hauswein paßt dazu ausgezeichnet.

12 Almáciga – El Draguillo – Faro de Anaga – Roque Bermejo – Chamorga – El Draguillo – Almáciga

Verkehrsmöglichkeiten Anfahrt mit dem Direktbus 102 von Puerto de la Cruz nach Santa Cruz; Fahrzeit 55 Minuten. Umsteigen in den Bus 246 von Santa Cruz nach Almáciga (Fahrzeit 1 Stunde); an der Endhaltestelle aussteigen. Rückfahrt mit denselben Buslinien.
Tourenlänge 24 Kilometer. **Wanderzeit** 6½ Stunden.
Höhenunterschiede Mäßig steile Aufstiege über insgesamt 1300 Höhenmeter; ebensolche Abstiege.
Topographische Karten Mapa General Serie 5V 1:25000 »Punta del Hidalgo« (79–77) und »Punta de Anaga« (80–77).
Wissenswertes Diese herrliche Rundwanderung führt über kleine Weiler, die bis heute nicht mit dem Auto zugänglich sind, durch den einsamen Nordosten Teneriffas. Viele Gehöfte sind inzwischen verlassen und verfallen; die einst mühsam angelegten Hangterrassen werden häufig nicht mehr bewirtschaftet. Der Weg ist in recht gutem Zustand, doch erfordert die Tour eine gewisse Ausdauer. Die erste Hälfte der Wanderung verläuft von dem Dorf Almáciga an der Nordküste bis zum Leuchtturm oberhalb des Roque Bermejo. Auf diesem Höhenweg, das tiefblaue Meer vor uns ausgebreitet, begleitet uns ein Gefühl von Abgeschiedenheit und Weite. Dann wandern wir zu einem abgelegenen Fischerdorf an der Ostküste hinab und anschließend durch eine stille Schlucht in das Gebirge hinein. Von einer Aussichtsterrasse (745 m) bietet sich schließlich ein großartiger Blick auf die gratartig zugespitzten Bergkämme des Anaga-Gebirges.
Anmerkung Falls man mit einem frühen Bus anreist und die Wanderung zeitig beginnt, empfiehlt sich zum Abschluß die Einkehr in eines der Fischrestaurants in Roque de las Bodegas. An

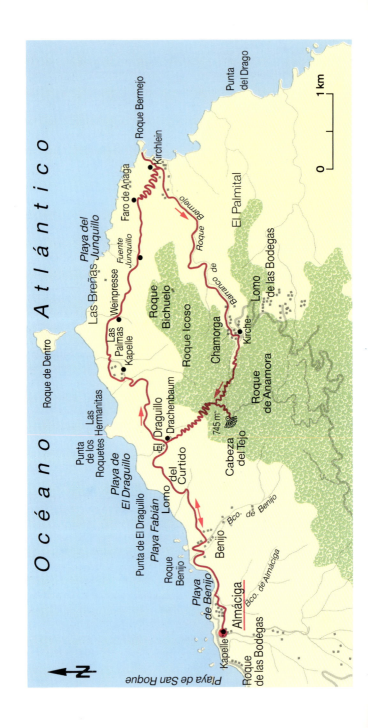

einem Tisch im Freien sitzend kann man hier mit Blick auf die wunderschöne Sandbucht Playa de San Roque den Tag harmonisch ausklingen lassen. In diesem Fall gehe man auf dem Rückweg an der Abzweigung nach Almáciga vorbei auf der Hauptstraße weiter, bis man nach kurzer Zeit die Restaurants von Roque de las Bodegas erreicht. Hier befindet sich auch eine Bushaltestelle (Abfahrt wenige Minuten später als in Almáciga).

Tourenbeschreibung Von der Endhaltestelle des Busses in *Almáciga* (Kapelle) folgen wir der Hauptstraße links am Wartehäuschen vorbei. Die Straße wird auf der linken Seite, wo der Hang abfällt, von einem grünen Eisengeländer gesäumt. Dann biegen wir in die erste Straße nach rechts (»Calle la Cruz«). Am Rande einer Schlucht, des Barranco de Almáciga, stoßen wir auf eine Querstraße (»Calle la Cancela«) und gehen links weiter. An der nächsten Straßenverzweigung halten wir uns rechts, der »Calle la Cancela« folgend. Bei den letzten Häusern geht die Straße in einen betonierten Fußweg über. Er führt über Stufen in den Barranco de Almáciga hinab. Unten in der Schlucht gehen wir links weiter, bis wir auf die asphaltierten Fahrstraße stoßen. – Wir folgen ihr nach rechts und umrunden die herrliche Sandbucht »Playa de Benijo«. Das Baden ist hier aufgrund starker Strömungen gefährlich. Gut 20 Minuten später erreichen wir den Weiler Benijo. Zwei Minuten nach Passieren des Ortseingangsschildes – etwa 50 Meter vor einem Transformatorenhäuschen – verlassen wir die Asphaltstraße und biegen links auf einen Fahrweg. – Er führt am Hang entlang und endet nach einer halben Stunde am Weiler *El Draguillo* (»Das Drachenbäumchen«). Und tatsächlich müssen wir nach einem Drachenbaum Ausschau halten, denn wir verlassen den Fahrweg, wo er nach links biegt und am Rande des Weilers bergab führt. Hier folgen wir dem linken der beiden rechts abzweigenden Wege, der unterhalb eines Drachenbaumes in eine kleine Schlucht hinunterführt und dann am gegenüberliegenden Hang ansteigt. Nach kurzer Zeit führt unser Weg durch ein Geröllfeld; auf dem rutschigem Untergrund ist besondere Vorsicht geboten.

Der Weg verläuft weit oberhalb des Meeres am Hang entlang. Bald erblicken wir links unter uns auf einem kleinen Plateau die wenigen verstreuten Häuser von Las Palmas. Dahinter ragt ein auffälliger Felsen aus dem Meer auf, der Roque de Dentro (180 m). Unser Weg führt nun um eine Schlucht herum und im Zickzack nach *Las Palmas* hinab. Vor dem ersten Haus gabelt sich der Weg: Geradeaus führt der Hauptweg am Rande der Steilküste um die Häuser herum, wir biegen jedoch nach rechts und folgen dem Weg in den Weiler hinein.

Alsbald erreichen wir die unscheinbare Kapelle von Las Palmas und gehen auf einem Pfad links daran vorbei. Nach einer Minute biegen wir links auf einen Pfad, der an einem Steinmäuerchen entlang leicht bergab führt. Zwei Minuten später gabelt sich der Pfad neben einem Haus; vor uns erblicken wir eine Palme – die einzige, die den Weiler noch schmückt. Wir gehen links weiter und stoßen sogleich auf den Hauptweg, der am Rande der Steilküste entlangführt; wir haben ihn vorhin am ersten Haus von Las Palmas verlassen.

Wir folgen dem Hauptweg nach rechts (bergab); im Blick vor uns erhebt sich der Roque de Dentro aus dem Meer. Alsbald kommen wir an einem gelben Ortsschild »Las Palmas« vorbei und gehen hier geradeaus weiter (gelber Wegweiser »El Faro«). Der Weg führt sogleich in zwei kleine Schluchten hinab und steigt dann wieder an. Oberhalb des nördlichsten Küstenabschnittes Teneriffas geht es nun am Hang entlang gemächlich bergauf.

Zehn Minuten später folgen wir dem Hauptweg an einer Verzweigung nach rechts ansteigend (gelber Wegweiser »El Faro«). Bald führt unser Weg unterhalb eines Felsens vorbei, dessen Aushöhlungen mit Wohnstätten unterbaut sind. Es geht nun um den Felsen herum; oben sehen wir eine alte Weinpresse. Von hier bietet sich auch ein schöner Blick auf den Roque de Dentro und die dahinter aufragende Felsnadel des Roque de Anaga. Der Weg steigt noch ein Stückchen an und verläuft dann auf etwa gleichbleibender Höhe am Hang. Tief unter uns erblikken wir eine Küstenebene mit aufgelassenen Ackerterrassen und einem halbverfallenem Gehöft. Diese einsame Gegend trägt den bezeichnenden Namen Las Breñas – »Die Wildnis«.

Die Vegetation wird nun vielfältiger. Schließlich kommen wir an einer Felswand mit Heiligenschrein vorbei. Hier entspringt eine kleine Quelle, die Fuente Junquillo (»Binsen-Quelle«; 235 m); links befindet sich ein kleiner Rastplatz. Wenige Schritte danach passieren wir einen gelben Wegweiser »Roque Bermejo«. Zwanzig Minuten später erreichen wir den Leuchtturm *(Faro de Anaga)* an der Nordostspitze Teneriffas. Er ist noch in Betrieb und wird jetzt durch Solarzellen mit Strom versorgt. Am Leuchtturm beginnt ein alter, inzwischen ziemlich verfallener und stellenweise recht steiler Fahrweg (gelber Wegweiser »Roque Bermejo«), dem wir in Serpentinen bergab folgen.

Nach 15 Minuten durchqueren wir eine Schlucht und erreichen wenige Schritte danach eine Wegverzweigung. Zunächst gehen wir geradeaus weiter, um einen Abstecher zur Küste bei »Roque Bermejo« (gelber Wegweiser) zu machen; die Wanderung führt später auf dem rechten Weg weiter. Nach kurzer Zeit kommen wir an dem Kirchlein der verstreuten Häuseransammlung von *Roque Bermejo* vorbei. Gegenüber steht das ehemalige Pfarrhaus; es ist im vorderen Teil verfallen, wird jedoch von Aussteigern bewohnt. Wir wandern weiter bergab und erreichen die Küste. Die rechte (südliche) Kiesbucht wird von. einigen Häusern gesäumt, während die linke Bucht den Fischern als Hafen dient.

Wir kehren nun auf demselben Weg bis zur Linksabzweigung zurück, an der die gelben Wegweiser nach »Chamorga« und »Cabezo del Tejo« stehen. Unser Weg steigt zwischen Ackerterrassen an und führt nach zehn Minuten rechts an zwei halbverfallenen Häusern vorbei. Teilweise grob gepflastert setzt sich der Weg am Rande einer einsamen Schlucht (Barranco de Roque Bermejo) stetig ansteigend fort.

Nach etwa vierzig Minuten sehen wir am Talschluß die ersten Häuser von Chamorga. An einer Gabelung halten wir uns rechts, dem Hauptweg folgend, der weiter ansteigend am Hang verläuft. (Der linke Weg führt auf einige Häuser im Tal zu.) Bald gehen wir auf dem Fahrweg weiter, der durch *Chamorga* führt; rechts befindet sich die Bar »Casa Alvaro«.

Nach kurzer Zeit passieren wir das Kirchlein des Weilers. Hier verlassen wir in der beginnenden Linksbiegung den Fahrweg, noch bevor die Asphaltierung beginnt, und gehen rechts einen betoniert stufig ansteigenden Weg hinauf (gelber Wegwei-

Erodierte Vulkanschlote vor der Nordostküste (Foto: Andreas Stieglitz)

ser »Cabezo del Tejo«). Alsbald führen betonierte Stufen nach rechts, wir wandern jedoch geradeaus auf einem Fußweg weiter. Er führt in ein wildromantisches kleines Tal mit teilweise aufgelassenen Ackerterrassen hinein; den Weg begleitet eine Stromleitung.

Kurze Zeit später wechseln wir die Talseite und gehen links an einem kleinen Damm vorbei; linkerhand befindet sich eine Hausruine. Bald erreichen wir eine Wegverzweigung im Wald. Der linke Weg ist nach »Cumbrilla« ausgeschildert, wir gehen jedoch geradeaus weiter Richtung »Cabezo del Tejo« (gelbe Wegweiser). Der Weg führt auf etwa gleichbleibender Höhe durch dichten Nebelwald; die Kanarische Glockenblume und der Kanarische Storchschnabel ranken im Unterholz. Bald überqueren wir wieder den Bachlauf im Tal; danach führt der Weg stetig bergauf.

Auf einem Sattel erreichen wir eine Wegkreuzung. Unsere Wanderung führt später geradeaus weiter – auf dem Weg, der bergab nach »Draguillo« ausgeschildert ist. Zunächst machen wir jedoch einen Abstecher nach links zum »Cabezo del Tejo«. Der Weg steigt teilweise stufig im Wald zu einer Aussichtsterrasse (745 m) an, von der sich ein herrliche Blick auf den Nordteil des Anaga-Gebirges mit den gratartig zugeschärften Kämmen und Bergspitzen bietet.

Anschließend kehren wir auf demselben Weg zur Wegkreuzung zurück und gehen links Richtung »Draguillo« weiter. Der Weg schlängelt sich durch dichten Wald bergab. Schließlich treten wir aus dem Wald heraus und wandern zwischen Ackerterrassen hinab, die von El Draguillo aus bewirtschaftet werden. Der Weiler ist weit unten am Hang erkennbar.

Nach stetigem Abstieg kommen wir schließlich an einem verfallenen Haus vorbei. Bald danach passieren wir den Drachenbaum, der uns vom Hinweg bekannt ist, und stoßen gleich darauf in *El Draguillo* auf die Biegung des Fahrweges. Nun kehren wir auf demselben Weg, den wir gekommen sind, über Benijo nach *Almáciga* zurück.

La Gomera

Nähert man sich der zweitkleinsten Kanareninsel von Los Cristianos aus mit der Fähre, läßt die schroffe und karge Felskulisse um die Hauptstadt San Sebastián nichts von der landschaftlichen Vielfalt Gomeras erahnen. Trotz ihrer geringen Ausdehnung (373 qkm) weist Gomera jedoch abwechslungsreiche Landstriche mit einer artenreichen Pflanzenwelt auf.

Die annähernd kreisförmige Insel wird von einem einzigen mächtigen Vulkanmassiv aufgebaut, das im hügeligen Hochplateau des *Alto de Garajonay* (1487 m) kulminiert. Der Vulkanismus ist vor fast zwei Millionen Jahren erloschen, und so konnten seither die Kräfte der Abtragung das Anlitz der Insel formen. Der zentrale Gebirgsstock wird strahlenförmig nach allen Seiten von tiefen Schluchten (Barrancos) zerschnitten, die im Laufe der Zeit durch die Erosion entstanden sind. Aufgrund der ständigen Brandungserosion brechen die Küsten fast überall steil und felsig zum Meer ab.

Das Hochplateau ist die meiste Zeit im Jahr in Passatwolken gehüllt. Auf dieser Höhenlage erstreckt sich der größte und artenreichste Lorbeerwald *(Laurisilva)* des Kanarischen Archipels. Zu seinem Schutze wurde 1981 auf einer Fläche von 4000 ha (10 Prozent der Gesamtfläche der Insel) der *Parque Nacional de Garajonay* geschaffen. Durch die UNESCO wurde dieser einzigartige Waldbestand als »Naturerbe der Menschheit« unter weitreichenden Schutz gestellt. Zur großen Attraktion des Nationalparks gehört auch das Gebiet der Felsdome von *Los Roques*. Hier erheben sich die »Zuckerhüte« von Gomera: alte, verfestigte Füllungen von Vulkanschloten, die durch die Erosion aus dem umgebenden Gestein herausgeschält wurden.

Der Waldbestand innerhalb des Nationalparks ist sehr unterschiedlich. Neben Flächen, die noch in den sechziger Jahren (!) abgeholzt wurden und heute mühsam renaturiert werden, präsentiert sich der Lorbeerwald vor allem in den besonders feuchten und geschützten nördlichen Tälern mit rund zwanzig verschiedenen Baumarten in der ursprünglichen Artenvielfalt. In höheren Lagen und auf den Südhängen ist dagegen hauptsächlich Fayal-Brezal mit der bestandsbildenden Baumheide *(Erica arborea)* und dem Gagelbaum *(Myrica faya)* vertreten.

Ein Besuch des Nationalpark-Informationszentrums bei Juego de Bolas lohnt (Ausstellung, spanischer Lehrfilm, kleiner botanischer Garten, Verkauf von Literatur und Karten). Öffnungszeiten dienstags bis samstags 9.30–16.30 Uhr. Bitte beachten: Im Nationalpark ist das Rauchen wegen der großen Waldbrandgefahr generell verboten; Feuer darf nur an den vorgesehenen Stellen entzündet werden.

Haupttouristenzentrum auf La Gomera ist Valle Gran Rey (»Tal des Großen Königs«) im Westen der Insel. Als Ausgangsquartier für Wanderer ist die Inselhauptstadt San Sebastián vielleicht noch günstiger gelegen. Dort gibt es neben dem Parador Nacional auch preiswerte Unterkünfte. Das Busnetz auf La Gomera ist zwar ziemlich umfassend, jedoch verkehren nur wenige Busse am Tag. Es empfiehlt sich daher, für einen Teil der Zeit einen Leihwagen zu mieten. In San Sebastián liegen die verschiedenen Bushaltestellen verstreut an der Plaza de los Descubridores (zwischen Hafenmole und dem Kiosk Ramón). In Valle Gran Rey ist die Hafenmole in Vueltas Ausgangspunkt der Busse, die in La Calera am Rathaus vorbeifahren.

Die wirtschaftliche Entwicklung des letzten Jahrzehnts und ein bescheidener touristischer Aufschwung haben dem zauberhaften Charme der Insel und ihrem Reiz der Ursprünglichkeit noch nicht allzuviel genommen. Ganz im Gegenteil: vielen Urlaubern gilt Gomera als die eigentliche Perle unter den Kanaren – ein kleines Paradies für Naturfreunde und Individualisten.

Blick über Vallehermoso auf den Felsdom des Roque Cano   (Foto: A. Stieglitz)

13 Vallehermoso – Cumbre de Chigueré – Playa de Vallehermoso – Vallehermoso

Verkehrsmöglichkeiten Anfahrt von San Sebastián über Agulo (48 km) bzw. von Valle Gran Rey über Arure (25 km) nach Vallehermoso. Ausgangspunkt ist die Plaza de la Constitucion, der zentralen Platz mit Buswartehäuschen, Brunnendenkmal und einer Araukarie.
Tourenlänge   13 Kilometer.
Wanderzeit   3½ Stunden.
Höhenunterschiede   750 Höhenmeter Auf- und Abstieg.
Topographische Karte   Mapa Topográfico National de España, Edición especial 1:50000 »Isla de Gomera«.
Wissenswertes   Von der herrlich in einem palmenbestandenen Tal gelegenen Ortschaft Vallehermoso führt diese Rundwanderung durch den einsamen Norden der Insel. Wir folgen einem alten Fußweg zum manchmal windgepeitschten Höhenrücken der Cumbre de Chigueré hinauf. Hier erwartet uns eine kleine »gemalte Wüste«, die in vielfarbigen Pastelltönen leuchtet. Die erodierten Hänge, deren Farbschattierungen von Weiß über Gelb bis Rot reichen, erinnern an das nordamerikanische »Painted Dessert«. Beim Abstieg von der Cumbre zur Playa de Vallehermoso schweift der Blick über die wilde Nordküste Gomeras. Entlang der Straße, die im fruchtbaren Barranco del Valle verläuft, gelangen wir nach Vallehermoso zurück.
Anmerkung   Die Playa de Vallehermoso ist leider wenig einladend. Die kleine Bucht macht einen verwahrlosten Eindruck; der Kiesstrand ist unsauber. Aufgrund der starken Strömung und des meist hohen Seegangs ist das Baden in dieser Bucht gefährlich.
Tourenbeschreibung   Von der *Plaza de la Constitucion* in *Vallehermoso* gehen wir die Dorfstraße hinauf, die zwischen der Bar Central und der Caja Canarias beginnt. Nach wenigen Minuten steigen wir vor dem Post- und Telegrafenamt links einen Treppenweg hoch und kommen auf einer Querstraße heraus. Rückblickend bietet sich eine wunderschöne Sicht über das harmonische Dächergewirr und den Kirchturm von Vallehermoso hinweg auf den markanten Felsdom des Roque Cano (630 m), der sich auf der gegenüberliegenden Talseite erhebt.

Wir folgen der Straße etwa 100 Meter nach rechts bis zur Rechtsbiegung vor der Guardia Civil (Polizei) und gehen hier geradeaus auf einem ansteigenden Sträßchen zum Ortsfriedhof weiter. Rechts vor dem Friedhof führt ein anfangs betonierter Fußweg in das Tal des *Barranco de la Era Nueva* hinab, das wir

auf einem Betonbrückchen überqueren. Wenige Schritte danach halten wir uns an der Gabelung rechts. Auf dem Hauptweg steigen wir an einigen Häuschen und Ackerterrassen vorbei in Serpentinen bergauf, bis wir nach fünf Minuten unterhalb eines Betonwasserbeckens angelangt sind.

Nun ist der Verlauf des alten Fußwegs eindeutig. Am Hang entlang, der nach links zum Barranco abfällt, wandern wir stetig bergauf. Alsbald kommen wir oberhalb eines weiteren Betonwasserbeckens vorbei und überqueren kurz darauf einen kleinen Wasserkanal. Die Trockenvegetation des Barranco setzt sich aus Kanarischen Dattelpalmen, Phönizischem Wacholder und Agaven zusammen. Die Hänge sind teilweise von alten Ackerterrassen überzogen.

Nach 15 Minuten führt der Fußweg oberhalb eines alten Gehöfts vorbei. Einige Zeit später überqueren wir einen alten, kreisrunden Dreschplatz. Einst sorgfältig mit Steinen gepflastert, ist er heute mit Gras überwachsen. Bald danach führt unser Pfad durch den Barranco auf die gegenüberliegende Hangseite. Wir wandern noch eine Weile über Trockenhänge, auf denen Tabaiba und Brombeersträucher gedeihen, und gelangen schließlich in die Höhenstufe des Nebelwaldes.

Unser Pfad schwenkt nach rechts und windet sich durch dichtes Gehölz weiter bergauf. Wir kommen schließlich auf einem Rücken heraus und wandern am Osthang der Teselinde (876 m) weiter. Rechterhand öffnet sich der steil abfallende Barranco de los Guanches. Rückblickend erkennen wir den waldigen Bergrücken des Alto Lomo de Flores, der sich nach Nordosten mit dem Alto de los Chiguerillos sowie dem Lomo de San Pedro baumlos und von schmalen Ackerterrassen überzogen fortsetzt.

Wir kommen auf einem breiten Parkplatz vor der *Ermita Santa Clara* heraus und haben hier den Kamm der Cumbre de Chigueré erreicht. Sofern uns nicht Passatwolken die Sicht verwehren, die an vielen Tagen im Jahr stürmisch über den Bergrücken treiben, bietet sich uns nach Nordwesten hinab ein großartiger Blick auf den Weiler Arguamul und die wilde Küste.

Nun folgen wir dem Fahrweg rechts an der Kapelle vorbei. Er verläuft mit geringem Gefälle entlang der *Cumbre de Chigueré;*

Blick auf Vallehermoso (Foto: Andreas Stieglitz)

rechterhand fallen die Hänge zum Barranco de los Guanches ab. Nach 25 Minuten führt der Weg über einen Sattel. Über bunte, stark erodierte Hänge hinweg erblicken wir die *Ermita de la Virgen de Guadelupe.* Bald haben wir die Kapelle erreicht. Auf der Steinbank im Windschutz des Gebäudes können wir eine Rast einlegen und den Blick auf eine kleine »gemalte Wüste« genießen, die in vielfarbigen Pastelltönen leuchtet. Zahlreiche Erosionsrinnen zerfurchen diese merkwürdige Landschaft.

Fünf Minuten nach der Kapelle halten wir uns an der Weggabelung rechts (links geht es zum Weiler Chigueré). Linkerhand öffnet sich ein Tal mit vegetationsarmen Hängen. Bald gehen wir an einer Rechtsabzweigung vorbei; dieser Seitenweg mündet nach kurzer Zeit rechts ein. Etwa 20 Meter nach dieser Wegeinmündung verlassen wir den Fahrweg und biegen vor einer kleinen Steinpyramide rechts auf einen Pfad ab, der am Hang hinabführt. Rechterhand blicken wir in den Barranco de los Guanches, der vom Lomo de San Pedro überragt wird. Im Hintergrund erhebt sich der auffällige Felsdom des Roque Cano.

Alsbald öffnet sich eine großartige Sicht auf die steile Nordküste. Tief unten öffnet sich der Barranco del Valle in einer kleinen Kiesbucht zum Meer. Auf losem Geröll teils etwas rutschig, windet sich unser Pfad über Trockenhänge bergab. Hier gedeihen das Wolfsmilchgewächs Tolda *(Euphorbia aphylla),* kleine Exemplare des Phönizischen Wacholders sowie der zierliche Balo *(Plocama pendula)* mit seinen nadelartigen grünen Zweigen.

Nach einer halben Stunde Abstieg gelangen wir in einen kleinen Seitenbarranco, durch den wir an einigen Häusern vorbei die Asphaltstraße im Haupttal erreichen. In der Talsohle des Barranco del Valle breiten sich Bananenplantagen aus; unter Foliengewächshäusern gedeihen Sonderkulturen. Das Bachbett ist von Spanischem Rohr gesäumt.

Nach links kann man einen kurzen Abstecher (fünf Minuten) zur Playa de Vallehermoso machen. Um zum Ort Vallehermoso zurückzukehren, folgen wir der Straße bergauf. An der Straßengabelung im Dorf geht es links zum Ausgangspunkt an der *Plaza de la Constitucion* zurück.

14 Camino forestal La Meseta – Presa de los Gallos

Verkehrsmöglichkeiten Anfahrt von San Sebastián (35 km) über die Höhenstraße bzw. von Valle Gran Rey (19 km) Richtung Vallehermoso. An der Straßenverzweigung, wo es links nach Epina bzw. Alojera geht, rechts 1 Kilometer Richtung Vallehermoso weiterfahren, bis rechterhand der Forstweg abzweigt.
Tourenlänge 9 Kilometer. **Wanderzeit** 2 Stunden.
Höhenunterschiede 60 Höhenmeter Auf- und Abstieg.
Topographische Karten Mapa Topográfico National de España, Edición especial 1:50000 »Isla de Gomera«.
Wissenswertes Ein gemütlicher Spaziergang auf einem Forstweg, der ohne große Höhenunterschiede am Nordsaum des Nationalparks Garajonay verläuft.
Anmerkung In manchen Wanderführern werden Abstiegsmöglichkeiten vom Camino forestal nach Vallehermoso bzw. Los Loros beschrieben. Diese Pfade sind jedoch gegenwärtig so stark mit Brombeerranken und Sträuchern zugewachsen, daß von einem Begehen dringend abzuraten ist.
Tourenbeschreibung Unser Spaziergang verläuft auf einem Forstweg, der ohne große Höhenunterschiede am Hang entlangführt. Unterwegs kommen wir durch zwei kleine, schattige Seitentälchen. Nach einer knappen Stunde gehen wir an dem Höhenrücken La Montaña vorbei, der sich nach Nordosten er-

Unser Forstweg am Nordsaum des Nationalparks Garajonay (Foto: A. Stieglitz)

streckt. Linkerhand öffnet sich das Tal des Barranco del Cuesta; hinten im Talgrund liegt der Weiler Los Loros. Der Fahrweg verläuft noch ein kurzes Stück auf gleichbleibender Höhe und führt dann in einen kleinen Barranco hinab, wo er an einem Trinkwasserbehälter endet. Oberhalb davon befindet sich ein kleines Staubecken, die *Presa de los Gallos*. – Wir kehren auf demselben Weg zurück.

15 Arure – Ermita El Santo – La Merica – Valle Gran Rey

Verkehrsmöglichkeiten Anfahrt von San Sebastián (33 km) oder Valle Gran Rey (10 km) bis zum unteren Ortsteil von Arure. Hier zweigt in einer Biegung der Hauptstraße ein geschotterter Fahrweg ab (Holztafel »Mirador Ermita El Santo« mit Foto-Symbol), auf dem die Wanderung beginnt. Die Abzweigung liegt etwa 500 Meter nördlich der Straßenkreuzung Arure/Valle Gran Rey/Las Hayas.
Tourenlänge 12 Kilometer. **Wanderzeit** Knapp 3½ Stunden.

Höhenunterschiede 75 Höhenmeter Aufstieg, 830 Höhenmeter Abstieg.
Topographische Karten Mapa Topográfico National de España, Edición especial 1:50000 »Isla de Gomera«.
Wissenswertes Diese großartige Wanderung führt über einen Panoramaweg, der auf einem Bergkamm im äußersten Westen der Insel verläuft. Immer wieder bieten sich herrliche Ausblicke auf die grandiose Steilküste und hinüber zu den Nachbarinseln La Palma und El Hierro. Im Osten öffnet sich die Talschlucht des Valle Gran Rey. Unterwegs kommen wir über eine einsame, manchmal windgepeitschte Hochfläche, die von unzähligen Akkerterrassen überzogen ist. Wo sich einst fruchtbares Kulturland ausbreitete, wiegen sich heute Gräser im Wind. Ein steiler Abstieg von der Hochfläche führt nach Valle Gran Rey hinab.
Anmerkung Es empfiehlt sich nicht, die Wanderung von Valle Gran Rey aus in umgekehrter Richtung zu unternehmen (wie in manchen Wanderführern beschrieben), da man dann die meiste Zeit nur den Weg oder die Berghänge vor Augen hat. In der hier beschriebenen Gehrichtung genießt man hingegen die herrlichsten Ausblicke stets vor sich.
Tourenbeschreibung Im unteren Ortsteil von *Arure* zweigt in einer Biegung der Hauptstraße ein geschotterter Fahrweg ab (Holztafel »Mirador Ermita El Santo« mit Foto-Symbol), auf dem unsere Wanderung beginnt. Nach zwei Minuten steigt rechts ein Pflasterweg an, über den wir bei guter Sicht unbedingt

Blick von der Ermita El Santo in die Talschlucht von Taguluche (Foto: A. Stieglitz)

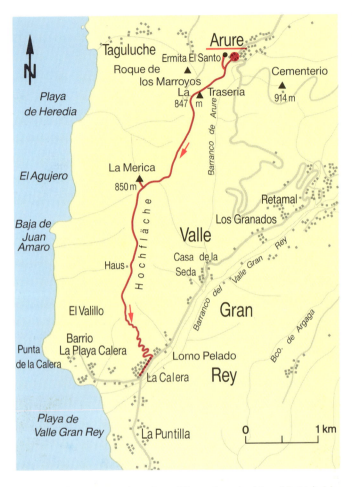

unter der Bogenbrücke eines Wasserkanals (Aquädukts) hindurch einen kurzen Abstecher zur Aussichtsterrasse an der kleinen Kapelle *Ermita El Santo* machen sollten. Unvermittelt bietet sich ein hinreißender Ausblick: Gleich einem natürlichen Amphitheater rahmen Felswände eine weite Talschlucht ein, die sich zum Meer hin öffnet. Unten im Talboden liegt der Weiler Taguluche. An dunstarmen Tagen sehen wir die Nachbarinseln La Palma und El Hierro.

Anschließend gehen wir auf dem Fahrweg weiter und passieren einige Häuser. Hier können wir in den Barranco de Arure blicken. Der Fahrweg steigt nun etwas an (eine Linksabzweigung lassen wir unbeachtet) und führt dann rechts am Bergrücken entlang. Rechterhand schweift der Blick über Steilhänge hinweg auf das tiefblaue Meer. Auch El Hierro und La Palma sind nun wieder zu sehen.

Nach etwa 20 Minuten auf dem Weg halten wir uns an einer Weggabelung links. Bald danach verlassen wir den Fahrweg und steigen rechts einen teils befestigten Fußweg hinauf. Nach kurzem Aufstieg verläuft er ohne große Höhenunterschiede am Bergrücken entlang. Linkerhand fällt der Hang zum Barranco de Arure ab.

Der Bergrücken verbreitert sich schließlich zur weiten Hochfläche, die von aufgegebenen Ackerterrassen mit verfallenen Steinmäuerchen überzogen ist. Nach rechts führt ein Pfad zum trigonometrischen Meßpunkt auf dem Gipfel der *Merica* (850 m). Hier können wir eine kurze Rast einlegen und das herrliche Panorama genießen. Stille und Abgeschiedenheit dieser Landschaft lassen innere Ruhe aufkommen. Im Süden weitet sich eine tiefergelegene terrassierte Hochfläche, in deren Mitte ein einsames Haus steht.

Wir kehren auf den Fußweg zurück und wandern weiter bergab. Nach kurzer Zeit passieren wir einige Stallungen und ein rundes Wasserbecken. Bald danach kommen wir in der Nähe des einsam inmitten der Hochfläche stehenden Hauses vorbei. Links des Weges liegt ein großer runder Dreschplatz, gepflastert und mit Steinen eingefaßt. Wenige Minuten später gabelt sich unser Weg. Wir gehen links weiter und erreichen schon nach we-

Blick von der Merica auf die einsame Hochfläche (Foto: Andreas Stieglitz)

nigen Schritten den Rand der Hochfläche. Tief unter uns erkennen wir den Ferienort Valle Gran Rey; Bananenplantagen bedecken die Talsohle.

In zahlreichen Serpentinen schlängelt sich unser Weg nun am Steilhang hinab. Auf den befestigten Abschnitten ist er gut zu gehen; auf losem Geröll besteht jedoch Rutschgefahr. Nach knapp einer Stunde Abstieg kommen wir an den ersten Häusern von Valle Gran Rey im Ortsteil La Calera heraus. Hier stoßen wir auf eine Straße, der wir nach rechts bergab folgen. Durch einige Gassen gelangen wir zur zentralen Straßengabelung in *Valle Gran Rey* hinab (links zum »Puerto«, rechts zur »Playa« ausgeschildert). Nach einer Erfrischung in einem der Cafés können wir hier den Bus erwarten oder ein Taxi nehmen.

16 Apartadero – Pavón – Fortaleza – Apartadero

Verkehrsmöglichkeiten Anfahrt von San Sebastián (30 km) bzw. Valle Gran Rey (20 km) zur Abzweigung nach »La Dama/La Rajita« (ausgeschildert). Dieser Straße etwa 1 Kilometer bis zur Bar »Los Camioneros« an der Hauptstraße in Apartadero folgen.
Tourenlänge 4 Kilometer.
Wanderzeit 1 Stunde.
Höhenunterschiede 230 Höhenmeter Auf- und Abstieg.
Topographische Karten Mapa Topográfico National de España, Edición especial 1:50000 »Isla de Gomera«.
Wissenswertes Ziel unserer Wanderung ist die 1241 Meter hohe Fortaleza (»Festung«), ein eindrucksvoller Tafelberg, der den Südwesten von La Gomera beherrscht. Selbst von der Nachbarinsel La Palma aus sind ihre Umrisse noch deutlich auszumachen! Auf der Hochfläche der Fortaleza befand sich einst eine Kultstätte der vorspanischen Ureinwohner, wie rundliche und quadratische Steinsetzungen vermuten lassen. Noch Ende des vorigen Jahrhunderts waren sie gut erkennbar. Heute sind diese archäologischen Stätten leider weitgehend verfallen und kaum noch auffindbar. – Die felsige Hochfläche ist teils mit Gebüsch wie der Montpellier-Zistrose bedeckt. Dazwischen gedeihen unter anderem der starkduftende Poleo *(Bystropogon plumosus)*, der Weiße Affodill *(Asphodelus microcarpus)* und die Crespa *(Plantago webbi)*. Ein Teil des Pflanzenbewuchses auf der Hochfläche ist 1991 verbrannt.

Tourenbeschreibung Ausgangspunkt ist die Bar »Los Camioneros« an der Hauptstraße in *Apartadero*. Von hier aus bietet sich ein erster Blick auf die mächtige Felsbastion der Fortaleza. Auf der gegenüberliegenden Talseite sehen wir bereits den anfangs gepflasterten Weg, der zwischen einem Transformatorenhäuschen und einem Wohnhaus von der Hauptstraße ansteigt. Wir folgen zunächst dem alten befestigten Fußweg, der unterhalb der Straße an einem kleinen grauen Gebäude beginnt und durch das Tal führt. Am gegenüberliegenden Hang kommen wir bei dem Wohnhaus wieder auf der Hauptstraße heraus und folgen ihr nach links, bis rechts (noch vor Erreichen des Trafohäuschens) der anfänglich gepflasterte Weg ansteigt. Er geht in einen alten befestigten Fußweg über, der an den Häusern des weitgehend aufgegebenen Weilers *Pavón* (»Pfauenauge«) vorbeiführt.

Etwa zehn Minuten nach Verlassen der Asphaltstraße passieren wir ein altes leerstehendes Haus aus schwarzem Basalt mit grüngestrichenem Fensterrahmen. Hier verlassen wir unseren befestigten Fußweg, um nach rechts den Abstecher auf die Fortaleza zu beginnen. Stets auf der höchsten Stelle des Hanges uns haltend, steigen wir auf einem Pfad zum Fuße der Fortaleza an. Oben schräg rechts steht ein einsamer Eukalyptusbaum; linkerhand fällt der Hang zum Barranco de Erque ab. Unser Pfad nimmt bald eine auffällige weißliche Färbung an. Wir sollten darauf achten, daß wir auf diesem Pfad bleiben und nicht auf einen der anderen Pfade abkommen, die am Hang verlaufen.

Am Fuße der Felswände der Fortaleza erreichen wir dann die Stelle, wo der gefahrlose Aufstieg beginnt. Wir steigen über

Blick auf die Fortaleza (Foto: Andreas Stieglitz)

Felsstufen bequem auf und müssen uns nur ein kurzes Stück auf allen Vieren fortbewegen. Schon bald haben wir die erste Anhöhe der *Fortaleza* erreicht. Wir können nun auf der teils mit Felsbrocken übersäten, teils mit niedrigen Sträuchern bewachsenen Hochfläche herumstreifen und die überwältigenden Ausblicke auf den Südwesten Gomeras genießen. Weithin erstrecken sich terrassierte Trockenhänge, die nicht mehr bewirtschaftet werden. Tief unten am Fuße der Fortaleza liegt der Weiler Pavón mit seinen alten, schwarzen Basaltsteinhäuschen. An den Rändern der Hochfläche ist größte Vorsicht geboten, denn hier bricht das Felsplateau jäh ab.

Anschließend nehmen wir denselben Abstieg und kehren auf den alten befestigten Fußweg zurück. Wir folgen ihm bergauf; linkerhand erstrecken sich Ackerterrassen, auf denen teilweise Wein angebaut wird. Nach kurzer Zeit bietet sich nach rechts ein wunderbarer Blick in den Barranco de Erque. Wir kommen auf einem Fahrweg heraus, dem wir nach links ansteigend folgen. Alsbald gehen wir an einer Linksabzweigung sowie einer Betonplattform vorbei (darunter verbirgt sich ein Trinkwasserbehälter) und biegen unmittelbar danach links auf einen befestigten Fußweg hinab. Eine schmale Rohrleitung säumt den Weg. Wir wandern in ein Tal hinunter, dessen terrassierte Hänge teilweise noch bewirtschaftet werden.

Bald begleiten uns wunderschöne Ausblicke über Terrassenfelder hinweg auf die Fortaleza; Kanarische Dattelpalmen bereichern das Bild. Bei einem Heiligenschrein kommen wir auf einem Fahrweg heraus, gehen diesen nach links und biegen sogleich links auf einen anderen Fahrweg ab, der an Wohnhäusern vorbei zur Hauptstraße in *Apartadero* hinunterführt. Nach links gelangen wir zum Ausgangspunkt an der Bar »Los Camioneros« zurück.

Alto de Contadero – Garajonay – Alto de Contadero

Verkehrsmöglichkeiten Von San Sebastián (23 km) oder Valle Gran Rey (21 km) auf der Höhenstraße zum ICONA-Parkplatz am Alto de Contadero (gegenüber der Wegabzweigung zum Garajonay).
Tourenlänge 7 Kilometer.
Wanderzeit 1¾ Stunden.
Höhenunterschiede 240 Höhenmeter Auf- und Abstieg.
Topographische Karten Mapa Topográfico National de España, Edición especial 1:50000 »Isla de Gomera«.
Wissenswertes Diese Rundwanderung verläuft auf bequemen Forstwegen durch die sanfthügelige Gipfelregion der Insel. Ein Abstecher führt uns auf die höchste Erhebung Gomeras, den Garajonay (1487 m). Unterwegs schweift unser Blick über saftiggrüne Hänge auf das blauschimmernde Meer. Im Sommer trägt Codeso mit seinen leuchtend-gelben Blütenständen zur reichen Farbpalette bei.

Unser Wandergebiet liegt im südlichen Teil des Nationalparks Garajonay, der hier auf rund 500 ha Fläche mit standortfremden Nadelhölzern und Sträuchern bedeckt ist. Der heimische Wald mit der bestandsbildenden Baumheide wurde in den sechziger Jahren teilweise gefällt oder niedergebrannt, eine aus heutiger Sicht unbegreifliche Maßnahme. Gegenwärtig unternimmt die ICONA ein umfassendes Renaturierungsprogramm zur Wiederherstellung des natürlichen Waldbestandes.
Tourenbeschreibung Wir gehen den Fahrweg hinauf, der gegenüber dem Parkplatz am *Alto de Contadero* beginnt (Holzschild »Al Alto de Garajonay« sowie »Ruta a Pie El Contadero – Laguna Grande«). Auf dem Hauptweg erreichen wir nach knapp 20 Minuten eine Weggabelung, an der wir zunächst links weiterwandern (Holzschild »Alto de Garajonay«); später werden wir dem rechten Weg folgen. An der nächsten Weggabelung steigen wir links an einem Steinhaus vorbei zum Gipfel des *Ga-*

rajonay auf. An dunstarmen Tagen genießen wir ein herrliches Panorama, das auch die Nachbarinseln umfaßt. Im Südwesten der Insel erblicken wir den markanten Tafelberg der Fortaleza.

Wir kehren zur vorletzten Gabelung zurück und folgen nun dem Weg nach links hinab (Holzschild »Llano de Crispin-Laguna Grande«). Kurz darauf halten wir uns an einer Weggabelung rechts. Auf dem Hauptweg wandern wir stetig bergab. Schließlich stoßen wir auf einen Querweg, dem wir etwa 20 Meter nach links zur Gabelung folgen, um hier rechts weiterzugehen. An der nächsten Weggabel, die wir schon bald erreichen, nehmen wir den rechten Weg. Es bietet sich eine schöne Sicht auf die Nachbarinsel La Palma. Unser Weg verläuft zunächst auf etwa gleichbleibender Höhe am Hang und schlängelt sich dann allmählich bergab. Nach etwa 20 Minuten biegen wir auf einen Weg, der scharf nach rechts hinten abzweigt.

An einer Weggabelung gehen wir links ansteigend weiter und kommen schließlich auf der Höhenstraße heraus, über die wir nach rechts in wenigen Minuten zum Ausgangspunkt am *Alto de Contadero* zurückkehren.

18 Pajarito – Garajonay – Alto de Contadero – Las Mimbreras – El Cedro – Hermigua/Convento de Santo Domingo

Verkehrsmöglichkeiten Anfahrt mit dem Bus oder Taxi von San Sebastián bzw. Valle Gran Rey über die Höhenstraße bis zur Straßenkreuzung »Pajarito«. Rückfahrt mit dem Bus oder Taxi vom Convento de Santo Domingo in Hermigua. Von der Telefonzelle vor dem ehemaligen Kloster kann ein Taxi gerufen werden, falls man vorab keine Abholung vereinbart hat.
Tourenlänge 17 Kilometer.
Wanderzeit 4¼ Stunden.
Höhenunterschiede 130 Höhenmeter Aufstieg, 1270 Höhenmeter Abstieg.
Topographische Karten Mapa Topográfico National de España, Edición especial 1:50000 »Isla de Gomera«.
Wissenswertes Auf dieser langen, jedoch nicht besonders beschwerlichen Wanderung erklimmen wir zunächst den höchsten Gipfel der Insel, den Garajonay (1487 m). Ein steter Abstieg führt dann quer durch den Nationalpark Garajonay und durch den Barranco del Cedro bis nach Hermigua hinab. Mitten im wildromantischen Lorbeerurwald können wir am rauschenden Barranco del Cedro eine Rast einlegen. Dieser Wildbach bildet neben den Barrancos in der Caldera de Taburiente (La Palma) das einzige ganzjährige Fließgewässer der Kanaren – eine außer-

Eingangsschild zum Nationalpark Garajonay   (Foto: Andreas Stieglitz)

ordentliche Besonderheit auf dem subtropischen Archipel. Später bietet sich im Weiler El Cedro eine Einkehrmöglichkeit, bevor der steile Abstieg auf einem guten Pflasterweg nach Hermigua beginnt. Zwischen Ackerterrassen wandern wir durch das üppig grüne Tal weiter bergab, bis wir an einem ehemaligen Kloster das Straßendorf Hermigua erreichen.

Anmerkung Statt nach dem Rat mancher Reiseführer auf demselben Wege zurückzukehren, erfolgt bei der hier vorgeschlagenen Tour die An- und Rückfahrt mit dem Bus oder Taxi, so daß man den Weg nur in eine Richtung geht. (Der Aufstieg auf demselben Weg ist ermüdend und bringt in diesem Fall keine neuen Eindrücke.) – Falls man im Lorbeerwald fotografieren möchte, empfiehlt sich für diese Tour die Mitnahme eines hochempfindlichen Films (27 DIN/400 ASA).

Tourenbeschreibung Von der Straßenkreuzung *Pajarito* wandern wir den Fahrweg hinauf (Holzschild »Pista forestal al Alto de Garajonay«). Gleich zu Beginn sehen wir am Wegesrand schöne Exemplare der für diese Höhenstufe charakteristischen Baumheide. Codeso ist ebenfalls verbreitet, der im Sommer mit seinen leuchtend-gelben Blüten herrliche Farbkontraste zum üppigen Grün setzt. Nach 20 Minuten gemächlichen Anstiegs erreichen wir eine Weggabelung, an der wir rechts weitergehen. An der Gabelung, die sogleich folgt, halten wir uns links.

Auf zunächst gleichbleibender Höhe, dann leicht ansteigend wandern wir auf einem Hangweg, der über waldige Anhöhen hinweg wunderbare Ausblicke bietet. Nach knapp 20 Minuten gehen wir an einem Weg vorbei, der nach links hinten abzweigt. Bald danach kommen wir auf einem staubigen Querweg heraus, dem wir zunächst nach rechts bergauf folgen (Holzschild »Al Alto de Garajonay«); später werden wir ihn links hinabgehen. Dieser Fahrweg ist leider für motorisierte Gipfelbesucher nicht gesperrt. An der Weggabelung, die nach kurzem Aufstieg kommt, halten wir uns links. Vom Gipfel des *Garajonay* bietet sich ein herrliches Panorama, das an dunstarmen Tagen die Nachbarinseln einschließt. Im Südwesten Gomeras erkennen wir den markanten Tafelberg der Fortaleza.

Über den Hinweg kehren wir bis zur vorletzten Verzweigung zurück und gehen an dieser Linksabzweigung vorbei geradeaus auf dem Hauptweg weiter bergab. Unser Weg mündet an der Örtlichkeit *Alto de Contadero* auf die Höhenstraße. Am Parkplatz an der gegenüberliegenden Straßenseite beginnt neben einer ICONA-Informationstafel ein Pfad, der in den Wald hinabführt. Wir befinden uns noch auf der Höhenstufe der Baumheide, die hier ihrem Namen alle Ehre macht. Der Pfad schlän-

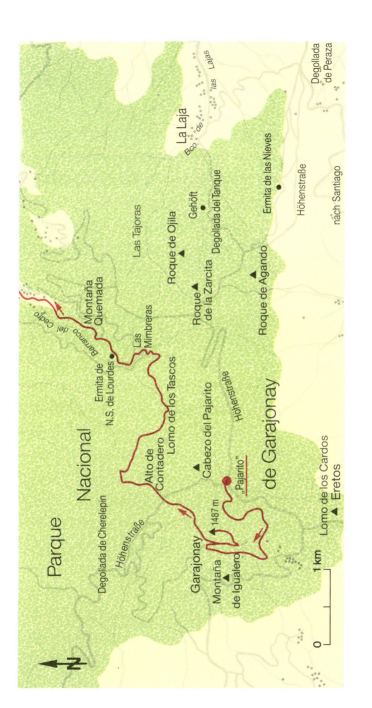

gelt sich stetig im Wald bergab. Die Vegetation wird allmählich üppiger, da wir tiefer in die Höhenstufe der Passatwolken geraten. Farne bereichern den Unterwuchs, Lorbeerbäume treten immer häufiger hinzu. Für kurze Zeit gehen wir links an einem ausgetrockneten Bachbett entlang. – Nach einer guten halben Stunde Abstieg hören wir im Lorbeerwald den Barranco del Cedro rauschen. Noch bleibt das Wildwasser jedoch unseren Blicken verborgen; der Weg entfernt sich wieder vom Bachlauf. Bald überqueren wir eine kleine Freifläche (ein Holzschild »Al Alto de Contadero y de Garajonay« weist in die Richtung, aus der wir kommen). Etwa 20 Meter danach gehen wir an der Gabelung des Pfades rechts weiter. Der grob mit Steinen befestigte Pfad führt an einigen alten Terrassenmäuerchen vorbei und zum *Barranco del Cedro* hinab. Wir überqueren ihn sogleich unterhalb der Staustufe und folgen dem Pfad in der Nähe des rechten Ufers bergab. Das Plätschern des Flüßchens begleitet uns nun für den größten Teil der restlichen Wanderung.

Nach fünf Minuten überqueren wir das Flüßchen auf einem Holzsteg nach links. Sogleich führt von links ein Weg heran, und wir gehen auf einem breiteren Waldweg weiter bergab. An der Örtlichkeit *Las Mimbreras* (ICONA-Informationstafel) kommen wir auf einem breiten Fahrweg heraus, dem wir über das

Flüßchen nach rechts folgen. Nach etwa 20 Metern steigen wir links einen Pfad hinab (Holzschild »La Ermita«), der über einen Holzsteg zur linken Seite des Flüßchens führt. Bald überqueren wir den Wasserlauf erneut auf einem Holzsteg nach rechts.

Wir wandern rechts an einem Picknickgebiet mit Tischen und Bänken sowie der weißgetünchten Kapelle der *Ermita N.S. de Lourdes* vorbei – ein beschauliches Plätzchen, zauberhaft inmitten des wildromantischen Lorbeerurwaldes gelegen. Unser Waldweg führt oberhalb des Flüßchens entlang. Nach fünf Minuten halten wir uns an einer Gabelung rechts (links geht es zum Flüßchen hinab). Ein Teil des Wassers wird hier in einer Rinne abgeleitet, die einen kleinen künstlichen Wasserfall speist; unser Weg führt oberhalb davon vorbei.

Wir treten nun aus dem Lorbeerwald heraus; vor uns öffnet sich das fruchtbare Tal des Barranco del Cedro. Der Pfad führt entlang der rechten Hangseite an den ersten Häusern von *El Cedro* vorbei. Die Ackerterrassen werden nur noch zum Teil bewirtschaftet. Unser Pfad verbreitert sich allmählich und mündet schließlich auf einen Fahrweg. Wir gehen geradeaus weiter an einem Transformatorenhäuschen vorbei. Der Fahrweg führt oberhalb eines landwirtschaftlichen Versuchsgutes entlang, das derzeit einen eher verwahrlosten Eindruck macht.

Wir stoßen auf die Biegung eines Betonsträßchens und folgen ihm nach links bergab. Rechterhand kommt sogleich die kleine Bar von El Cedro (kein Hinweisschild; Sitzbank vor dem Haus), wo wir vor dem weiteren Abstieg eine wohlverdiente Rast einle-

Abstieg nach Hermigua (Foto: Andreas Stieglitz)

gen können. Der alte Wirt beherrscht noch die Silbensprache (»El Silbo«) und gibt auf freundliche Nachfrage gerne eine kleine Probe seiner Kunst.

Anschließend gehen wir auf dem Betonsträßchen weiter bergab. Vor einem Haus wandern wir links am Zaun entlang auf einem Pfad weiter, der in das Bachbett hinunterführt. Wir überqueren den Wasserlauf nach links und wandern schon bald auf einem mit Steinen gepflasterten Fußweg weiter. Unvermittelt öffnet sich der Blick in das Tal von Hermigua. Das Flüßchen stürzt an der Felswand in einem Wasserfall zu Tal. Unser gut befestigter Weg führt in Kehren an der Steilwand bergab.

Nach einer halben Stunde Abstieg gelangen wir oberhalb einer Betonstaustufe wieder zum Bachbett. Wir überqueren den Wasserlauf und gehen den Fahrweg zur rechten Seite der Betonmauer hinauf. Hier steigen wir eine Betontreppe hinab. Unten wandern wir auf dem grob befestigten Weg rechts am Bachbett entlang weiter. Bald verläuft der Weg oberhalb des Bachbetts.

Nach kurzer Zeit queren wir den Wasserlauf nach links, dann wieder nach rechts. An der nächsten Wegbiegung öffnet sich ein wunderbarer Blick in das Tal hinab: Der Barranco weitet sich, fruchtbare Ackerterrassen mit Bananen, Mais und Wein breiten sich aus, Kanarische Dattelpalmen stehen an den Hängen. Im Hintergrund erhebt sich der auffällige Roque de San Pedro y Pablo, ein erodierter Vulkanschlot.

Wir passieren ein großes Betonwasserbecken, in welches der größte Teil des Bachwassers eingeleitet wird, und wandern nun wieder auf der linken Talseite weiter. Eine rostbraune Rohrleitung begleitet unseren Weg, der zwischen Ackerterrassen entlangführt. Etwa sieben Minuten nach dem Betonwasserbecken muß aufgepaßt werden: Wir gehen hier nicht geradeaus auf dem Hangweg entlang der Rohrleitung weiter, sondern steigen rechts (neben einer niedrigen Hütte mit Wellblechdach) den alten, grob befestigten Fußweg zum Bach hinab und queren ihn nach rechts. Der Wasserlauf ist von dichtem Bestand Spanischen Rohrs gesäumt, und wir kommen an dieser Stelle durch einen regelrechten Pflanzentunnel. Danach setzt sich ein betonierter Fußweg fort.

Alsbald führt eine Fußgängerbrücke nach links über den Bach. Wir stoßen auf eine Asphaltstraße, der wir nach rechts bergab folgen. Rechterhand erhebt sich der Roque de San Pedro y Pablo, links öffnet sich das Tal von *Hermigua*. Wir verlassen die Straße nach etwa 700 Metern in einer scharfen Rechtsbiegung und steigen links zwischen Häusern einen breiten Treppenweg hinab. Gegenüber dem ehemaligen Kloster *Convento de*

Santo Domingo (16. Jahrhundert) stoßen wir auf die Hauptstraße. Wenige Schritte nach rechts um die Straßenbiegung herum befindet sich die Bushaltestelle (Schild). Etwas weiter oberhalb auf derselben Straßenseite befindet sich die Bar Clementine, wo man sich die Wartezeit auf den Bus etwas verkürzen kann.

19 Montaña Quemada – Ermita N.S. de Lourdes – Las Mimbreras – El Cedro – Montaña Quemada

Verkehrsmöglichkeiten Anfahrt von San Sebastián (21 km) über die Carretera del Norte bis zur Linksabzweigung vor Hermigua, ausgeschildert Richtung »Monte del Cedro«. Das Sträßchen windet sich kurvenreich bergauf. Nach 3 Kilometern die Rechtsabzweigung nach »Monte del Cedro« (erneut ausgeschildert) nehmen. Diesem breiten, nicht asphaltierten Fahrweg 1,5 Kilometer bis zu einer Weggabelung im Wald folgen und hier parken. – Anfahrt von Valle Gran Rey (30 km) über die Höhenstraße bis zur Linksabzweigung nach »Monte El Cedro« (und Hermigua). Nach 1 Kilometer die Linksabzweigung nach »Monte del Cedro« (erneut ausgeschildert) nehmen. Diesem breiten, nicht asphaltierten Fahrweg 1,5 Kilometer bis zu einer Weggabelung im Wald folgen und hier parken.
Tourenlänge 7 Kilometer. **Wanderzeit** 1¾ Stunden.
Höhenunterschiede 230 Meter Auf- und Abstieg.
Topographische Karten Mapa Topográfico National de España, Edición especial 1:50 000 »Isla de Gomera«.
Wissenswertes Diese Rundwanderung führt durch das Herzstück des Nationalparks Garajonay. Aufgrund der Passatwolken meist in Nebel gehüllt, wirkt der schattige Lorbeerwald mit seinem dichten, tropfenden Blätterdach fast geheimnisvoll. An der Ermita N.S. de Lourdes erreichen wir den Barranco del Cedro, einen zauberhaften Wildbach, der durch den urwaldartigen Forst rauscht. Er bildet neben den Flüßchen in der Caldera de Taburiente (La Palma) das einzige ganzjährige Fließgewässer der Kanaren – eine außerordentliche Besonderheit auf dem subtropischen Archipel. Der Rückweg führt über den Weiler El Cedro, wo wir in einer Bar einkehren können.
Anmerkung Falls man im Nebelwald fotografieren möchte, empfiehlt sich für diese Tour die Mitnahme eines hochempfindlichen Films (27 DIN/400 ASA).

Ermita N.S. de Lourdes (Foto: Andreas Stieglitz)

Tourenbeschreibung An der Weggabelung im Gebiet der *Montaña Quemada* gehen wir etwa 100 Meter nach rechts bergab (Holzschilder »Aula de la Naturaleza, Caserio-Vivero«), bis der Weg nach rechts biegt. Hier beginnt links ein Pfad (Holzschild »La Ermita«), dem wir in den dichten Lorbeerwald hinabfolgen. Der Hang fällt rechterhand zum Barranco del Cedro ab. Ringsum erblicken wir Bäume, deren zahlreiche schlanke Stämme sich durch Stockausschläge gebildet haben. Im Geäst hängen Flechten; üppige Moose und große Farne bedecken den Boden.

Nach zehn Minuten erreichen wir die *Ermita N.S. de Lourdes,* wildromantisch inmitten des dichten Lorbeerurwaldes gelegen. Unser Pfad führt an einem kleinen Picknickgebiet mit Holztischen und Bänken vorbei, das sich unterhalb der Kapelle am Barranco del Cedro ausbreitet. Auf einem Holzbrückchen überqueren wir den Wildbach. Der Pfad steigt nun im Wald an. Bald überqueren wir den Bachlauf erneut auf einem Holzbrückchen und kommen auf einem breiten Fahrweg heraus. Wir haben die Wegkreuzung *Las Mimbreras* erreicht und folgen dem breiten Fahrweg nach rechts (Holzschild »Pista forestal Los Acevinos y Meriga«). Links in der Wegböschung öffnen sich sechs kleine Schutzhöhlen, deren genaue Bedeutung rätselhaft ist.

Unser Fahrweg schlängelt sich ohne große Höhenunterschiede durch zauberhaften Lorbeerwald. Ab und zu lichten sich die Nebelschwaden, und Sonnenstrahlen brechen für einen kurzen Moment durch die Passatwolken. Nach etwa 45 Minuten biegt ein Seitenweg scharf nach rechts hinten ab – die erste Abzweigung, der wir begegnen. Wir folgen diesem Weg etwa zwei Minuten bergab, bis der rechte Hang (die Wegböschung) zurücktritt. Hier zweigt rechts ein Pfad in den Wald ab, dem wir nun folgen. Dieser Einstieg ist leicht zu übersehen, da er anfangs fast zugewachsen erscheint.

Wir wandern zunächst auf etwa gleichbleibender Höhe, dann bergab am steilen Hang entlang. Ohne den dichten Bewuchs wäre dieser Abschnitt schwindelerregend. Nach einer Viertelstunde passieren wir alte, überwachsene Ackerterrassen. Bald danach führt der Pfad gestuft über rötliche Felsen. An den Hängen vor uns breitet sich die kleine verstreute Häuseransammlung von El Cedro aus. Unser nächstes Wegziel, ein Häuschen mit Tischen und Bänken davor (die Bar), ist bereits zu erkennen. Nach Nordosten bietet sich ein schöner Blick durch das Tal von Hermigua auf das Meer.

Wir steigen den Pfad nach rechts an den ersten Häusern von *El Cedro* vorbei bergab und kommen am Ende eines Fahrwegs heraus. Diesen Weg gehen wir bis zur tiefsten Stelle im Tal, überqueren hier den Bachlauf des Barranco del Cedro nach links und folgen dem Pfad an einem Wassertunnel vorbei hangaufwärts. Unterhalb einer kleinen Bar gelangen wir auf die betonierte Zufahrtsstraße von El Cedro. Bevor wir auf dieser

Holzsteg über den Barranco del Cedro (Foto: Andreas Stieglitz)

Straße weitergehen, können wir eine kleine Rast einlegen. Anschließend folgen wir dem Betonsträßchen bergauf. Die Betonierung endet nach knapp 15 Minuten; bald danach erreichen wir wieder unseren Ausgangspunkt im Gebiet der *Montaña Quemada*.

20 Imada – Barranco de Guarimiar – Barranco de los Jargus – Lomo del Gato – Imada

Verkehrsmöglichkeiten Anfahrt von San Sebastián (30 km) oder Valle Gran Rey (32 km) bis zur Abzweigung nach Alajeró. Nach 7 Kilometern bergab auf der Straße Richtung Alajeró kommt links die nach »Imada« ausgeschilderte Abzweigung.
Tourenlänge 7 Kilometer.
Wanderzeit Etwa 1¾ Stunden hin und zurück.
Höhenunterschiede 80 Höhenmeter Auf- und Abstieg.
Topographische Karten Mapa Topográfico National de España, Edición especial 1:50000 »Isla de Gomera«.
Wissenswertes Dieser Ausflug führt uns von dem abgeschiedenen Weiler Imada an Trockenhängen entlang, die einst intensiv bewirtschaftet wurden. Heute sind die Ackerterrassen mit ihren verstreuten Mandel- und Feigenbäumen weitgehend verwildert. Die Landschaft ist jedoch weit weniger karg, als es zunächst den

Anschein hat. Es überraschen allerlei botanische Kostbarkeiten, unter anderem das kleine, auf Felsen rankende Dickblattgewächs *Monanthes laxiflora*, der Dornlattich *(Launaea arborescens)*, die strauchartige Wolfsmilch *Euphorbia berthelotii* und die Nevadilla *(Paronychia canariensis)*. Unser Ziel ist eine verlassene, halbverfallene Häuseransammlung am Rande eines einsamen Barranco.

Tourenbeschreibung Am Ende der Fahrstraße in *Imada* gehen wir links am Schulhaus vorbei und folgen der betonierten Gasse in Windungen durch den Weiler. Nach wenigen Minuten steigen wir vor einem Transformatorenhäuschen links einen alten Fußweg hinunter und folgen sogleich einem Querweg rechts bergab. Unterhalb eines Betonwasserbeckens durchqueren wir den *Barranco de Guarimiar*. Dekorativ stehen Kanarische Dattelpalmen in der Talschlucht. Auf der gegenüberliegenden Talseite wandern wir auf dem alten Fußweg weiter. Teils grob mit Steinen befestigt, teils über Stufen, die in den Fels gehauen wurden, verläuft er ohne große Höhenunterschiede am Hang entlang. Ringsum erstrecken sich alte, meist nicht mehr bewirtschaftete Ackerterrassen.

Bald gehen wir unterhalb eines verlassenen Häuschens vorbei. Nach Süden schweift der Blick über den Barranco de Guarimiar. Selbst steilste Hangpartien sind teilweise noch terrassiert. Imada entzieht sich mit jeder Wegbiegung mehr unseren Blicken. Oberhalb eines alten, verlassenen Gehöfts biegt unser Weg nach links in den *Barranco de los Jargus*. Der weitere Wegver-

Barranco de Guarimiar (Foto: Andreas Stieglitz)

lauf auf etwa gleichbleibender Höhe durch das Tal sowie unser Ziel, der verlassene Weiler am gegenüberliegenden Hang, sind bereits erkennbar.

Wir wandern zwischen verwilderten Ackerterrassen, die mit Trockenmauern abgestützt sind. Dieses mühsame Werk von Generationen ist heute dem Verfall preisgegeben. Verstreut stehen alte Häuschen an den Hängen, deren Dächer vielfach schon eingestürzt sind. Auf der gegenüberliegenden Hangseite des Barranco de los Jargus erreichen wir die verfallene Häuseransammlung von *Lomo del Gato*.

Wir sollten links noch ein kurzes Stück direkt am Hang emporsteigen, um auf den Bergrücken zu gelangen. Unterhalb eines auffälligen pilzförmigen Felsens (Aufschrift »Coto de Caza«) liegt ein alter, steingepflasterter runder Dreschplatz. Fällt der Blick nun in den jäh abbrechenden Nachbarbarranco, kann man sich gut vorstellen, wie nützlich einst *El Silbo*, die gomerianische »Silbensprache«, zur Verständigung über Schluchten hinweg war. Ganz unten im Tal liegen verstreut die Häuser von Benchijigua. Passatwolken streichen über den waldigen nördlichen Gebirgsrand hinweg und umwallen den markanten Felsdom des Roque de Agando, der sich am Talschluß erhebt.

Wir kehren auf demselben Weg zurück.

21 Degollada de Peraza – La Laja – Degollada del Tanque – Ermita de las Nieves – Degollada de Peraza

Verkehrsmöglichkeiten Anfahrt von San Sebastián über die Carretera del Sur (13 km) bzw. von Valle Gran Rey (31 km) über die Höhenstraße bis zum Parkplatz an der Bar Peraza (nahe der Straßenabzweigung nach Santiago).
Tourenlänge 12 Kilometer.
Wanderzeit 3 Stunden.
Höhenunterschiede 600 Höhenmeter Auf- und Abstieg.
Topographische Karten Mapa Topográfico National de España, Edición especial 1:50000 »Isla de Gomera«.
Wissenswertes Diese geradezu klassische Rundwanderung auf gut befestigten, alten Pflasterwegen ist ein Muß für jeden Gomera-Besucher. Uns erwartet eine wildromantische Bergwelt mit tiefen Talschluchten und waldigen Anhöhen. Weit unten in einem Barranco kommen wir an den verstreuten Gehöften von La Laja vorbei. Höhepunkt aber sind die mächtigen Felsdome: von der Erosion freigelegte ehemalige Vulkanschlote, die sich am Rande des Nationalparks erheben. Unterwegs schweift der Blick bei guter Fersicht immer wieder zum Teide-Gipfel auf der Nachbarinsel Teneriffa hinüber.
Tourenbeschreibung Vom Parkplatz an der Bar Peraza gehen wir über die Straße zur Aussichtsterrasse am Paß *Degollada de Peraza* und genießen einen ersten Blick in die großartige Talschlucht des Barranco de las Lajas. Die meisten Tage im Jahr ziehen Passatwolken über die gegenüberliegenden Bergkämme, um sich beim Abgleiten ins Tal aufzulösen. Ein eindrucksvolles Naturschauspiel, dem man lange zusehen kann. Unterhalb der Terrasse führt ein alter, sorgfältig instandgesetzter und grob mit Steinen gepflasterter Fußweg in Kehren bergab.

Anfänglich unseren Blicken verborgen, liegt unten im Tal die Streusiedlung La Laja. In den Seitentälern sowie vereinzelt an den Hängen gedeihen prächtige Kanarische Dattelpalmen. Nach etwa 45 Minuten Abstieg erreichen wir bei den ersten Häusern von *La Laja* eine Wegverzweigung. Rechts geht es in den Barranco hinab und zur gegenüberliegenden Fahrstraße, wir jedoch halten uns auf dem linken Weg (Wegweiser »Roque de Agando«) und wandern am Hang entlang. Verstreut liegen die Häuser von La Laja rechts unten im Tal. Schmale Ackerterrassen, die vielfach nicht mehr bewirtschaftet werden, überziehen die unteren Hangbereiche, während sich in höheren Lagen Kiefernwald anschließt.

Bald erreichen wir eine Weggabelung und gehen links weiter (Wegweiser »Roque de Agando«). Wir lassen nun den Barranco de las Lajas hinter uns und wandern in das Gebirge hinauf. Im lichten Kiefernwald passieren wir mehrere Hochwasserrückhaltestufen, die in Seitentälchen angelegt wurden. Nach einer guten halben Stunde Aufstieg erreichen wir ein einsames, nicht dauerhaft bewohntes Gehöft an der *Degollada del Tanque*. Jenseits einer waldigen Talschlucht erheben sich im Westen die mächtigen Felsdome des Roque de Ojila und Roque de la Zarcita.

Der Weg führt auf einem Rücken bergan. Rechterhand haben wir einen schönen Blick auf die Felsdome, während wir links bei guter Sicht Teneriffa mit dem beherrschenden Teide-Gipfel erkennen können. Am Rande des Nationalparks Garajonay (Holztafel) stoßen wir schließlich auf die Asphaltstraße. Vor uns erhebt sich der Roque de Agando, ein besonders charakteristischer Felsdom.

Wir folgen der Straße ein kurzes Stück nach links, bis am Ende der linken Leitplanke ein Pfad ansteigt. Wiederum überwältigt uns eine grandiose Sicht über die Talschluchten des Barranco de las Lajas hinweg. Nach kurzem Anstieg führt der Pfad über einen flachen Rücken, der mit Buschwerk bewachsen ist. Hier gedeihen Baumheide, Ginster und die Montpellier-Zistrose. Bald nach einem Felseinschnitt verbreitert sich der Pfad zum Weg, der von besonders prächtigen Exemplaren der Baumheide gesäumt ist.

Der Felsdom des Roque de Agando, ein Wahrzeichen La Gomeras
(Foto: Andreas Stieglitz)

Wir erreichen die *Ermita de las Nieves* (»Schneekapelle«). Im Schatten der Bäume stehen Picknicktische und Bänke, die uns zu einer willkommenen Rast einladen. Von der Kapelle aus ist an dunstarmen Tagen äußerst rechts am Meereshorizont in etwa 90 Kilometern Entfernung El Hierro erkennbar. Nun folgen wir dem breiten Fahrweg nach Osten. Zehn Minuten später verlassen wir ihn in einer scharfen Rechtskehre und gehen geradeaus auf einem Feldweg weiter. Unterhalb eines Sendemasts vereint sich unser Weg mit einem Weg, der von links hinten heranführt. Wir wandern geradeaus auf einem breiten Rücken weiter; im Blickrichtung vor uns steht ein Sendemast. Halbverfallene Terrassenmäuerchen bezeugen, daß selbst in dieser so abgelegenen Lage auf rund 1000 Meter Meereshöhe einst Ackerbau betrieben wurde.

Bald geht es links an einem Zaun entlang auf einem grob gepflasterten Fußweg weiter. Diesen alten Weg benutzten die Menschen früher zur täglichen mühsamen Feldarbeit. An der *Degollada de Peraza* stoßen wir wieder auf die Asphaltstraße und kehren nach links zum Ausgangspunkt an der Bar zurück.

La Palma

Isla verde – »grüne Insel« – hat man La Palma aufgrund ihres Waldreichtums genannt. Dank der enormen Höhenunterschiede reicht die Palette der Landschaften von der fruchtbaren Küstenzone mit ihren verstreuten Gartendörfern über die Waldstufe bis hin zur subalpinen Höhenstufe auf dem Kraterrand der Caldera de Taburiente, deren höchste Erhebung der Pico de los Muchachos (2426 m) bildet. Die Insel setzt sich aus zwei sehr unterschiedlichen Teilen zusammen. Die Nordhälfte der Insel wird von dem altvulkanischen Gebirgsmassiv der *Caldera de Taburiente* gebildet. Mit einem Durchmesser von rund acht Kilometern gehört der gewaltige Kraterkessel zu den großen Naturwundern der Erde, dem Gran Canyon durchaus ebenbürtig. Von ihrem Kraterrand fällt die Caldera de Taburiente über schier endlose Felsschründe und steile Rutschhänge 2000 Meter tief zur Innenseite ab – keine andere Insel des Kanarischen Archipels weist solch extreme Reliefunterschiede auf.

In ihrem heutigen Erscheinungsbild wird die Caldera de Taburiente weniger durch vulkanische Aufbauformen als vielmehr durch Abtragungserscheinungen bestimmt. Der gewaltige Senkkrater wie auch die tiefen Schluchten (Barrancos), die seine Außenhänge zum Meer hin zerfurchen, sind durch die Kräfte der Abtragung entstanden. Die Geröllmassen im Barranco de las Angustias, durch den sich die Caldera zum Meer öffnet, sowie die Fließgewässer legen davon Zeugnis ab. Es handelt sich somit nicht um einen Vulkankrater, sondern einen Erosionskessel bzw. Senkkrater, der sich im ursprünglichen Vulkanmassiv – möglicherweise durch einen Einsturz begünstigt – ausgebildet hat.

Die Caldera de Taburiente wurde 1954 zum Nationalpark erklärt und umfaßt heute eine Fläche von 4.700 ha. Der Lorbeerurwald *Los Tilos* auf der Nordostabdachung der Caldera wurde 1983 als Biosphären-Reservat der UNESCO ausgewiesen.

Das langgestreckte Kammgebirge der *Cumbre Nueva* und der *Cumbre Vieja* bildet gleichsam das geologische Rückgrat der südlichen Inselhälfte und ist viel jüngeren Ursprungs als die Caldera de Taburiente. Es baut sich entlang einer Zerrungslinie der Erdkruste auf, die sich allmählich nach Süden fortsetzt. Die jüngsten Vulkane finden sich an der äußersten Südspitze der Insel, wo zuletzt 1971 der Volcán de Teneguía ausbrach. Auch in Zukunft wird sich La Palma daher nach Süden weiter verlängern. Im Gegensatz zur Caldera de Taburiente prägen im Bereich der Cumbre vulkanische Aufbauformen mit sanfteren Konturen die Landschaft: Vulkankegel, Kraterkessel, Schlackehänge und junge Lavaströme (*malpaís* – »schlechtes Land«).

Das Haupttouristenzentrum liegt um Los Llanos/El Paso und Puerto Naos auf der sonnigen Westseite der Insel. Für Wanderer etwas günstiger als Ausgangsquartier ist die (allerdings des öfteren wolkenverhangene) Ostseite um Santa Cruz. Sowohl in der zauberhaften Inselhauptstadt, die zu den schönsten historischen Ortschaften der Kanaren zählt, als auch etwas südlich in Los Cancajos und Breña Baja/Breña Alta steht eine gute Auswahl an Unterkünften zur Verfügung.

Auf La Palma gibt es inzwischen ein recht gutes Busnetz; ein gedruckter Fahrplan ist bei der Tourist-Information erhältlich. Leider führen die Buslinien jedoch meist nicht dicht genug an die Wandergebiete heran, als daß man sie zur Anfahrt benutzen könnte. Es empfiehlt sich daher, zumindest für einen Teil der Zeit, einen Leihwagen zu nehmen. Die Tarife für mehrere Tage oder eine ganze Woche sind deutlich günstiger als für Einzeltage; Preisvergleiche vor Ort lohnen sich.

La Palma gilt zu Recht als *die* Wanderinsel schlechthin. Zwar ist sie kein »Geheimtip« mehr, denn die Kunde von ihrer landschaftlichen Vielfalt und atemberaubenden Schönheit hat sich längst verbreitet. Doch finden Urlauber noch heute eine ruhige, fast bescheiden zu nennende Insel abseits des Massentourismus, die in hohem Maße ihre Eigenständigkeit bewahrt hat. Lassen Sie sich auf den folgenden Wanderungen davon überzeugen!

Blick von La Cumbrecita auf das Hochtal (Foto: Andreas Stieglitz)

22 Barlovento – La Tosca – La Palmita – Lomo de la Crucita – (Gallegos)

Verkehrsmöglichkeiten Anfahrt mit der Buslinie 16 von Santa Cruz nach Barlovento; Rückfahrt mit derselben Buslinie (von Garafía kommend) ab der Gallegos-Abzweigung an der Hauptstraße. Anfahrt mit dem Auto von Santa Cruz (36 km) bis Barlovento; Rückfahrt nach Barlovento mit dem Bus oder Taxi.
Tourenlänge 9 Kilometer.
Wanderzeit 3 Stunden.
Höhenunterschiede 425 Höhenmeter Aufstieg, 365 Höhenmeter Abstieg.
Topographische Karten Instituto Geográfico Nacional, Edición para el turismo 1:50000 »Isla de La Palma«.
Wissenswertes Diese Tour führt durch den dünnbesiedelten grünen Norden der Insel. Diese Landschaft gehört zu dem altvulkanischen Gebirgsstock der Caldera de Taburiente, der strahlenförmig nach allen Seiten durch zahlreiche Erosionsschluchten zerschnitten ist. Und so wandern wir stets auf und ab – durch einen Barranco nach dem anderen. Unsere Route führt durch fruchtbares Kulturland mit verstreuten Häuschen und kleinen Weilern, in denen die Zeit stehengeblieben zu sein scheint.
Anmerkung Unbedingt vorab die Rückfahrmöglichkeit organisieren, denn angesichts über 10 Kilometern Asphaltstrecke ist ein Zurückwandern auf der Hauptstraße nicht ratsam. Von Garafía aus geht die Buslinie 16 nur einmal täglich nach Santa Cruz; die aktuelle Abfahrtszeit überprüfen! Der Bus fährt an der Gallegos-Abzweigung etwa 70 Minuten später als in Garafía ab. Falls dieser Bus nicht erreichbar ist, empfiehlt es sich, im voraus ein Taxi nach Gallegos zu bestellen (z.B. in Barlovento am Taxistand). Neben der reinen Gehzeit (3 Stunden) genügend Zeit für Pausen und Eventualitäten einplanen! – Das Sträßchen über den Lomo de la Crucita zur Bushaltestelle hinauf ist angenehmer zu gehen als die Route über Gallegos. – In Gallegos gibt es eine Telefonzelle, so daß gegebenenfalls ein Taxi gerufen werden kann.
Tourenbeschreibung Von der Bushaltestelle in *Barlovento* folgen wir zunächst der Hauptstraße in Richtung Garafía und biegen nach fünf Minuten rechts auf die nach Gallegos ausgeschilderte Straße (C1-9) ab. Eine knappe Viertelstunde später erreichen wir den Mirador de La Tosca. Von diesem Aussichtspunkt bietet sich eine herrliche Sicht auf den grünen Inselnorden. Von der Küste steigen die Hänge über 2500 Höhenmeter bis zum Rand der Caldera an, auf der die weiße Kuppel des Observato-

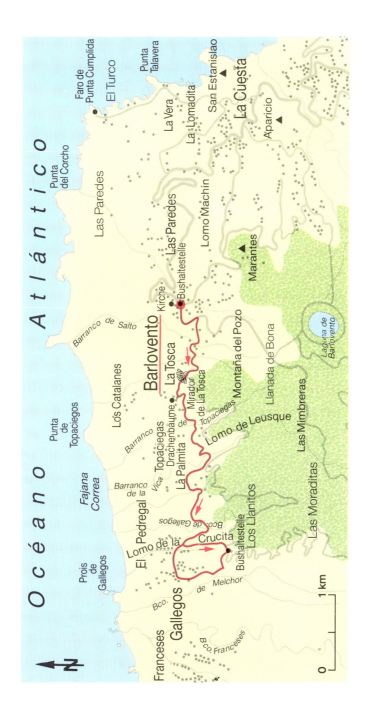

riums erkennbar ist. Unterhalb der Wälder, die sich in höheren Lagen ausbreiten, schließt sich fruchtbares Kulturland an. Verstreut stehen kleine Häuschen zwischen den Ackerterrassen.

Unterhalb des Aussichtspunktes folgen wir dem Fahrweg zum ersten Haus von *La Tosca* hinunter und steigen hier auf einem teilweise grob mit Steinen befestigten Fußweg weiter bergab. Bald kommen wir auf einem betonierten Fahrweg heraus (rechts vor uns ein altes Haus mit grünem Schild »La Tosca«), dem wir nach links folgen. Nach etwa 50 Metern halten wir uns an der Verzweigung erneut links. Von unserem Betonsträßchen bietet sich rechterhand ein schöner Blick über das Tal hinweg auf einen kleinen Hain verstreuter Drachenbäume, zwischen denen alte Gehöfte stehen.

Bald erreichen wir eine Gabelung, an der wir dem rechten Betonsträßchen bergab folgen. Kurz darauf verlassen wir es in der ersten scharfen Rechtsbiegung und gehen geradeaus auf einem anfänglich breiten Feldweg weiter, der sich zum Fußweg verschmälert. Wir haben den *camino real* (»Königsweg«) erreicht. Diese alten, teilweise grob mit Steinen befestigten Verbindungswege durchzogen früher die gesamte Insel.

Unser Weg führt in den *Barranco de Topaciegas* hinab und am gegenüberliegenden Hang wieder hinauf. Auf der Anhöhe folgen wir dem Pfad geradeaus weiter (weißer Pfeil auf Felsen), wandern auf etwa gleichbleibender Höhe und stoßen alsbald auf ein Betonsträßchen. Wir folgen ihm etwa 40 Meter nach links hinauf und nehmen dann rechts wieder unseren alten Weg auf (weißer Pfeil). Nun wandern wir in den Barranco de la Vica hinab, steigen am gegenüberliegenden Hang empor und durchqueren ein Weidegatter. Unter der überhängenden Felswand liegt ein Ziegenpferch.

Bald nach Passieren eines weiteren Weidegatters halten wir uns an der Gabelung links auf dem ansteigenden Fußweg. Kurz darauf kommen wir am Ende eines Betonsträßchens heraus, dem wir bis zu einer Querstraße folgen. Wir gehen sie nach links hinauf und biegen sogleich hinter der Linksbiegung rechts auf einen Fahrweg, der an einem Gehöft von *La Palmita* vorbeiführt. (Direkt *in* der Linksbiegung zweigt ein schmaler markierter Weg ab – diesen *nicht* nehmen, da er fast völlig zugewachsen ist!)

Wir wandern nun ohne große Höhenunterschiede um einen Barranco herum. An einer Wegkreuzung gehen wir geradeaus weiter; an der bald folgenden Gabelung halten wir uns rechts. Wir wandern auf dem Fahrweg etwa zwei Minuten bergab und verlassen ihn in einer Rechtsbiegung, um links einen Pfad über

Felsen hinabzusteigen (markiert mit einem weißer Pfeil). Wir befinden uns wieder auf dem alten *camino real.*

Teilweise grob mit Steinen befestigt, führt unser Fußweg in den *Barranco de Gallegos* hinab. Wir passieren unterwegs mehrere Weidegatter. Der letzte Wegabschnitt in den Barranco hinab ist etwas zugewachsen, jedoch im Verlauf eindeutig. Schließlich durchqueren wir das Geröllbett des Barranco. Auf der gegenüberliegenden Seite markiert ein weißer Pfeil die Fortsetzung unseres alten Weges aus dem Barranco heraus. Beim Aufstieg ist nun etwas Vorsicht geboten, da der Weg durch loses Geröll etwas rutschig ist.

Bei einigen alten Häusern kommen wir schließlich auf einem Betonsträßchen heraus, das auf dem *Lomo de la Crucita* verläuft. Auf dem gegenüberliegenden Rücken, getrennt durch einen weiteren Barranco, sehen wir die Häuser von Gallegos. Wir haben die Wahl: Entweder folgen wir nun dem Betonsträßchen bergauf zur Hauptstraße, wo wir auf den Bus warten können (ein kurzes Stück nach rechts kommt dort die Bar Parada), oder aber wir wandern durch den letzten Barranco nach *Gallegos* (»Leute aus Gallizien«) weiter. Im Barrancobett müssen wir uns etwas talauswärts halten, um den Weg hinauf in den Weiler zu finden. In Gallegos gibt es ein kleines Lädchen; in der Dorfbar können wir uns erfrischen und hier das vorbestellte Taxi erwarten. Falls man mit dem Bus zurückkehrt, folgt man der Zufahrtsstraße etwa 20 Minuten bergauf bis zur Einmündung auf die Hauptstraße; die Haltestelle liegt links.

23 Los Sauces – Mirador de las Barandas – Los Tilos – Barranco del Agua – C 830 – (Los Sauces)

Verkehrsmöglichkeiten Anfahrt mit Buslinie 16 von Santa Cruz nach Los Sauces; hier am zentralen Platz vor der Kirche aussteigen. Anfahrt mit dem Auto von Santa Cruz (25 km) oder Los Llanos (61 km) auf der Hauptstraße C 830 nach Norden bis Los Sauces; am zentralen Platz vor der Kirche parken.
Tourenlänge   8 Kilometer.
Wanderzeit   2¼ Stunden.
Höhenunterschiede   240 Höhenmeter Aufstieg, 280 Höhenmeter Abstieg.
Topographische Karten   Instituto Geográfico Nacional, Edición para el turismo 1:50000 »Isla de La Palma«.

Wissenswertes Diese Wanderung führt uns von dem Bauerndorf Los Sauces (»Die Weiden«) durch den grünen Nordosten der Insel. Unser Ziel ist das Biosphärenreservat Los Tilos (»Die Linden«; richtig müßte es eigentlich Los Tiles – »Die Lorbeerbäume« heißen). Im Bereich des Barranco del Agua, einer üppig grünen, urwaldartigen Talschlucht, wurde ein UNESCO-Schutzgebiet zum Erhalt des artenreichen Lorbeerwaldes ausgewiesen. Wir wandern ein kurzes Stück im schattigen Geröllbett des Barranco bergauf, flankiert von hohen, himmelwärts strebenden Felswänden. Kondenswasser tropft und rieselt herab; eine überreiche Vegetation umgibt die Schlucht. Unser Rückweg verläuft auf einem Sträßchen, das im Barranco del Agua zur Hauptstraße hinabführt.

Anmerkung Es empfiehlt sich, die An- und Rückreise mit dem Bus zu unternehmen, da man sonst 1,5 Kilometer auf der Hauptstraße (830) zum Ausgangspunkt in Los Sauces zurückwandern muß. – Das Sträßchen im Barranco del Agua wird voraussichtlich ausgebaut. – Ein Höhenmesser ist von Vorteil, um den raschen Einstieg in den Pfad nach Los Tilos hinab zu finden.

Tourenbeschreibung Wir gehen die Dorfstraße hinauf, die zwischen dem zentralen Platz und dem Banco Santander in *Los Sauces* beginnt. Nach gut fünf Minuten vereinigt sie sich mit einer Straße, die von rechts heraufführt, und wir gehen geradeaus weiter bergan. Bald sehen wir linkerhand die *Molino hidráulico El Regente*. Diese alte Wassermühle wurde 1991 bis 1993 mit Mitteln der EU restauriert. Hier bietet sich ein schöner Blick auf die weißen Häuschen von Los Sauces, umgeben von Bananenplantagen und fruchtbaren Terrassenfeldern.

An der Straßengabelung halten wir uns rechts. Kurz darauf gehen wir an einer Gabelung links auf dem steiler ansteigenden Sträßchen weiter. An den Rändern der Ackerterrassen gedeiht verwildertes Zuckerrohr. Nach einiger Zeit passieren wir das örtliche Fußballstadion. Alsbald führt von rechts das Sträßchen heran, das wir an der letzten Gabelung verlassen hatten, und wir wandern geradeaus auf einem etwas staubigen Fahrweg weiter.

Bald können wir nach links ein erstesmal in den waldigen Barranco del Agua schauen. Kurz danach folgen wir dem Hauptweg an einer Rechtsabzweigung vorbei. Auch an allen weiteren Abzweigungen halten wir uns stets auf dem Hauptweg. Allmählich lassen wir das terrassierte Kulturland hinter uns und gelangen weiter oben in die Waldzone.

Nach etwa 45 Minuten Anstieg auf dem Fahrweg müssen wir auf die entscheidende Linksabzweigung achten, die uns *in knapp zwei Minuten* zum Aussichtspunkt Mirador de las Barandas

führt. Diese Abzweigung (700 m Meereshöhe) ist leicht zu übersehen und bietet keinen markanten Orientierungspunkt außer einem hölzernen Wegweiser mit der Aufschrift »Cumbre« nach rechts und »Los Sauces« in die Richtung, aus der wir kommen. An dieser Stelle, im Auslauf einer Rechtskurve und unterhalb eines jüngeren Rodungsgebietes, in dem vereinzelt Kiefern stehen, biegen wir links auf einen schattigen Seitenweg. Auf den ersten 20 Metern kommt ein ebenes Wegstück, danach folgt der kurze Anstieg zum Aussichtspunkt *Mirador de las Barandas* (*baranda* = Schutzgeländer). Von hier genießen wir einen schönen Ausblick in den dichtbewaldeten Barranco del Agua.

Unser Abstieg in diese Talschlucht beginnt dort, wo das Holzgeländer unterbrochen ist. Der schmale Pfad führt durch dichten Lorbeerwald hinab. Nach einer knappen halben Stunde Abstieg passieren wir ein Picknickgebiet und gelangen am Informationszentrum des Biosphärenreservates *Los Tilos* auf eine Fahrstraße. Wir folgen ihr bergab und kommen sogleich an einer Linksabzweigung vorbei, die zu einem Restaurant/Waldcafé führt. Im Schatten der Lorbeerbäume sitzt man hier ganz herrlich im Freien. Einzig das Brummen des Stromgenerators beeinträchtigt ein wenig die Ruhe.

Nach wohlverdienter Rast gehen wir auf der Asphaltstraße weiter bergab und biegen am Rande des *Barranco del Agua* (noch vor Erreichen der Straßenbrücke) rechts auf einen Pfad, der entlang eines Wasserkanals verläuft. An einem Wasserbecken steigen wir über Stufen in das Geröllbett hinab. Wir wandern nun in der Barranco-Sohle über Schotter, Geröll und Felsbrocken bergauf. Die steilen, unglaublich hohen Seitenwände der Schlucht sind in dichtes Grün gehüllt. An den feuchten Felswänden tropft Wasser herab, Frauenhaarfarn gedeiht in schattigen Felsspalten, lianenartig hängt Efeu in die Schlucht hinab. Bald erblicken wir zwei »Brückchen«, die hoch droben die Schlucht überspannen. Nach gut zehn Minuten versperrt eine hohe Felsstufe die Schlucht; wir können sie rechts umgehen. Weitere zehn Minuten später endet die begehbare Schlucht vor einer hohen Felswand.

Wir kehren durch die Schlucht zur Asphaltstraße zurück und folgen ihr weiter nach rechts. Anfänglich gesäumt von schattenspendenden Edelkastanien, verläuft die Straße entlang des Barranco bergab. Zunächst umgibt uns noch dichter Wald, doch allmählich breiten sich fruchtbare Ackerterrassen auf den Talhängen aus. Hier gedeihen Zitrusbäume, Yams und schließlich Bananen. Vom Meer her weht uns eine erfrischende Brise entgegen. Schließlich stoßen wir auf die Hauptstraße 830. An der Straßeneinmündung können wir den Bus nach Santa Cruz erwarten. Falls wir mit dem Auto angereist sind, folgen wir der Hauptstraße links nach *Los Sauces* zurück.

24 Monte El Canal y Los Tilos

Verkehrsmöglichkeiten Anfahrt von Santa Cruz (26 km) oder Los Llanos (62 km) auf der Küstenstraße 830 nach Norden bis zur Linksabzweigung nach »Los Tilos« (Hinweistafel). Diese Abzweigung kommt in einer Rechtskurve unmittelbar vor Überqueren des Barranco del Agua, etwa 1 Kilometer vor dem Ortseingang von Los Sauces. Dem Sträßchen durch den Barranco del Agua folgen und nach 2 Kilometern auf dem ersten Parkplatz parken. Links am Hang steigt hier der mit einer Kette für Fahrzeuge gesperrte Forstweg an (Tafel »Monte El Canal y Los Tilos«).
Tourenlänge 9 Kilometer.
Wanderzeit Etwa 2¾ Stunden hin und zurück.
Höhenunterschiede 320 Höhenmeter Auf- und Abstieg.
Topographische Karten Instituto Geográfico Nacional, Edición para el turismo 1:50 000 »Isla de La Palma«.

Wissenswertes Ähnlich wie Wanderung 23 führt auch diese Tour in den wildromantischen Lorbeerwald von Los Tilos. Auf einem wunderschönen Waldweg erschließt sich uns der ganze Zauber des einzigartigen Biosphärenreservates. Gemächlich wandern wir oberhalb des Barranco del Agua durch einen urwüchsigen Wald voller botanischer Kostbarkeiten. Eigentlich fehlen nur noch die Namenschildchen an den Gewächsen ... Unterwegs bietet sich von einer Felskanzel ein eindrucksvolles Panorama der verästelten grünen Talschluchten des Barranco del Agua. Ein unbedingt lohnender Spaziergang, auch wenn man bereits Wanderung 23 gemacht hat!

Anmerkung Falls man keine Gelegenheit hat, auch Wanderung 21 zu unternehmen, versäume man es nicht, zumindest den dort beschriebenen Abstecher im Bett des Barranco del Agua zu machen (45 Minuten hin und zurück). Dazu folgt man dem Asphaltsträßchen vom Ausgangspunkt dieser Wanderung weiter bergauf. Nach dem zweiten Parkplatz, kurz nachdem das Sträßchen den Barranco auf einer kleinen Brücke quert, zweigt links der Pfad am betonierten Wasserkanal entlang ab.

Tourenbeschreibung Wir folgen dem ansteigenden Waldweg und kommen alsbald durch einen kurzen Tunnel. Gemächlich wandern wir bergan; rechterhand fällt der Hang steil zum Barranco del Agua ab. Schon bald umgibt uns dichter Lorbeerwald. Nach einer knappen halben Stunde passieren wir ein Wasserhaus. Etwa 20 Minuten später muß gut aufgepaßt werden: unser Weg scheint sich zu gabeln. Während die linke Gabel jedoch sogleich endet, führt der rechte Weg – nun etwas schmaler – weiter.

Bevor wir ihm folgen, steigen wir jedoch Steinstufen empor, die unmittelbar vor dieser Gabelung scharf nach links hinten im Wald ansteigen. Auf einem schmalen Rücken führt der Pfad, seitlich teilweise durch ein Holzgeländer abgesichert, in wenigen Minuten zu einem (im wahrsten Sinne des Wortes) hervorragenden Aussichtspunkt. Von der höchsten Stelle des Felssporns, an dem sich eine kleine meteorologische Meßstation befindet, schweift der Blick über die dicht bewaldeten Talschluchten von Los Tilos. Soweit das Auge reicht, breitet sich leuchtend grüner Lorbeerurwald aus. Kein Haus, kein Weg, nicht das geringste Anzeichen menschlicher Tätigkeit beeinträchtigt das großartige Bild.

Wir kehren zur Weggabelung zurück und gehen auf dem Hauptweg weiter. Riesenhafte Farne bedecken Felswände, an

Die Playa de Taburiente (Foto: Andreas Stieglitz)

denen Wasser herabrieselt. Efeu umklammert Baumstämme und hängt in langen Lianen von den Zweigen herab. Etwa eine Viertelstunde später verlassen wir den Weg und folgen rechts einem gestuften Fußsteig den Hang hinab. Ein Holzsteg führt über die Felsschlucht des Barranco del Agua. Wir haben unser Wanderziel erreicht und können in dieser großartigen Naturkulisse im Herzen des Lorbeerwaldes eine Rast machen, bevor wir auf demselben Weg zurückkehren.
(Hinweis: Auf der gegenüberliegenden Hangseite führt ein einladender Steig weiter, dem man noch lange Zeit bergauf folgen könnte. Doch Vorsicht: einige Wegabschnitte sind teilweise abgerutscht und nicht gesichert.)

25 Barranco de las Angustias – Morro de la Era – Dos Aguas – Playa de Taburiente – Barranco de las Angustias

Verkehrsmöglichkeiten Anfahrt mit dem Auto von Los Llanos über den Ortsteil Los Barros (Wegführung durch die Bananenplantagen etwas verzwickt; teilweise fehlende Ausschilderung) bis an den Rand des Barranco de las Angustias. Nach dem Ende der Asphaltierung sind noch 3 Kilometer auf einer schlechten Schotterpiste mit teils tiefen Spülfurchen in den Barrancogrund hinab zurückzulegen: 500 Meter nach Beginn der Schotterpiste fährt man in einer Linkskurve an einem ICONA-Informationshäuschen vorbei. 1 Kilometer danach geht es an der Rechtsabzweigung eines Nebenweges vorbei auf dem Hauptweg weiter bergab, 700 Meter danach an einer scharfen Linksabzweigung vorbei. Nach weiteren 700 Metern erreicht man das Schotterbett des Barranco de las Angustias; hier am Wegesrand parken.
Tourenlänge 17 Kilometer.
Wanderzeit 3½ Stunden hin, 2¾ Stunden zurück.
Höhenunterschiede 600 Höhenmeter Auf- und Abstieg.
Topographische Karten Instituto Geográfico Nacional, Edición para el turismo 1:50000 »Isla de La Palma«.
Wissenswertes Diese Tour durch die Caldera de Taburiente ist ein absolutes »Muß« für jeden Wanderfreund. Rauschende Wildwässer auf dem Talgrund eines gigantischen Erosionskessels – und dies inmitten des Atlantiks – ein einzigartiges Erlebnis. Zunächst durch den Barranco de las Angustias (die »Schlucht der beklemmenden Ängste«), dann entlang des Barranco Almendro Amargo (der »Bittermandel-Schlucht«) erreichen wir

nach teilweise etwas beschwerlichem Aufstieg die Flußaue des Río Taburiente. Hier an der Playa de Taburiente staut sich das frische, kristallklare Wildwasser in kleinen Felsenbecken, die im Sommer eine willkommene Abkühlung bieten. Kanarische Weiden *(Salix canariensis)* und eine Vielzahl weiterer Gewächse säumen die üppiggrüne Oase.

Anmerkung Braune ICONA-Wegweiser markieren alle wichtigen Abzweigungen. – Für den Campingplatz an der Playa de Taburiente ist eine Genehmigung der ICONA (Infozentrum in El Paso) erforderlich. Er darf nur zwei Nächte benutzt werden. – Nach andauernden Niederschlägen, wie sie im Winter vorkommen können, ist von dieser Tour abzuraten. Die Flüsse können so stark anschwellen, daß man sie nicht mehr überqueren kann. Beim Durchqueren des Río Taburiente an der Örtlichkeit Dos Aguas ist selbst im Sommer mit nassen Füßen zu rechnen.

Tourenbeschreibung Wir wandern im breiten Schotterbett des *Barranco de las Angustias* gemächlich bergan. Anfänglich ist kein Wasserlauf zu sehen, und überhaupt läßt noch nichts den zauberhaften Reiz der Caldera de Taburiente erahnen. Die enormen Schottermassen, durch die wir stapfen, geben jedoch bereits eine Vorstellung von der ungeheuren Erosionsleistung, die der Fluß früher besaß.

Nach einer Viertelstunde sehen wir erstmals einen oberirdischen Wasserlauf im Barrancobett. Allmählich verschmälert sich die Schotterflur; grünlich-marmorierte Felsen aus sogenannter Kissenlava fallen auf. Das Flußbett verengt sich schließlich; der Wasserlauf stürzt über eine Felsstufe hinab. Wir umgehen diese Stelle auf einer Ausweichroute (Wegweiser »Zona de Acampada«), die rechts am Hang ansteigt. Dort, wo sich der Pfad gabelt, steigen wir wieder links in den Barranco hinab.

Knapp zehn Minuten später verlassen wir das Bachbett erneut. Zuvor beachte man jedoch rechterhand die überhängenden Felsen, an denen das Wasser herabtropft: grazilfer Frauenhaarfarn klammert sich an die feuchte Wand. Wir folgen dem links ansteigenden Pfad (Wegweiser), der sogleich einen Wasserkanal überquert und alsbald zur Örtlichkeit *Morro de la Era* (Hinweisschild) führt. Hier passieren wir ein altes Steinhäuschen. Unten im Barranco erkennen wir einen kleinen Damm.

Der Pfad führt knapp zehn Minuten später wieder in das Flußbett hinab. Wir unterqueren schließlich eine Röhrenhängebrücke, die den Barranco überspannt. Die Farbe des Wasserlaufs ändert sich nun: Sorgten bisher Algen für leuchtende Grüntöne, so herrschen nun rostbraune Farben vor, die von im Wasser gelösten Eisenoxyden herrühren.

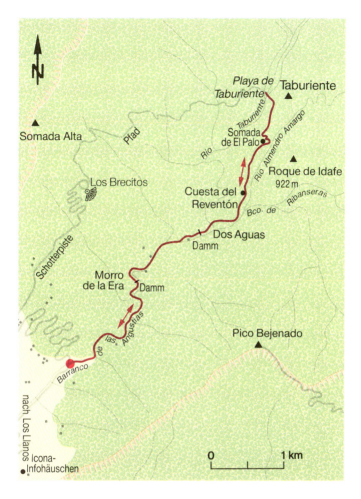

Dann erreichen wir das Wasserwerk von *Dos Aguas*. Hier am Zusammenfluß des Río Almendro Amargo mit dem Río Taburiente beeinträchtigen leider unschöne Betonbauten sowie ein Damm das Gesamtbild. Wir umgehen sie, indem wir auf die linke Flußterrasse ansteigen (Wegweiser »Barranco de las Angustias Salida«) und einem Pfad am Hang entlang folgen. Oberhalb des Damms blicken wir in die Schluchten der beiden Flüsse, die sich zum Barranco de las Angustias vereinen. Wir überqueren den Río Taburiente und wandern rechts in die Schlucht des Río Almendro Amargo hinein.

Etwa fünf Minuten später bietet sich vor uns ein erster Blick auf die charakteristische Felsnadel des Roque de Idafe. Einst wurde er von den Guanchen als heilige Stätte verehrt. Kurz nachdem der Roque de Idafe erstmals in unser Blickfeld gerät, müssen wir linkerhand auf einen Pfad achten, der über die Flußterrasse an der Böschung ansteigt. Ein hölzerner Wegweiser (»Al Lugar de Acampada«) sowie eine kleine junge Palme markieren diesen leicht zu übersehenden Einstieg. Bevor wir hier den Barranco verlassen, sollten wir jedoch noch fünf Minuten weitergehen, um den Zusammenfluß des Río Almendro Amargo mit dem Barranco de Ribanseras zu erreichen und zu betrachten. Beide Flüsse treten aus hohen Felsschluchten aus. Das Flußbett des Barranco de Ribanseras leuchtet wegen des hohen Eisengehaltes des Wassers in orangeroten Farben.

Wir kehren nun zum Einstieg zurück und folgen dem ansteigenden Pfad. Nach wenigen Minuten passieren wir eine Tafel »Parque Nacional de la Caldera de Taburiente« sowie kurz danach ein Schild »Cruz de Barrancos«. Zwischen Kiefern führt unser Pfad steiler bergauf. Es bieten sich schöne Ausblicke in die Felsschlucht des Río Almendro Amargo. Der Wildbach schießt über kleine Wasserkaskaden hinab.

Wenige Minuten später halten wir uns an der Gabelung *Las Lajitas del Viento* links; beide Pfade führen bald wieder zusammen. Unser Pfad schlängelt sich weiter recht steil bergauf. Bald danach passieren wir die Örtlichkeit *Cuesta del Reventón* (Schild). Beim weiteren Aufstieg bietet sich rechterhand über die Schlucht hinweg ein schöner Blick auf den Roque de Idafe. Rechts dahinter ragt der Pico Bejenado auf, die höchste Erhebung des südlichen Kraterrandes. Wir wandern stetig bergauf und kommen schließlich an einem kleinen Felsvorsprung namens *Somada de El Palo* vorbei.

Nach kurzer Zeit erreichen wir eine Hangverflachung, wo uns einige mächtige Kiefern erwarten. Der Pfad führt nun gemächlich in den Talgrund des Río Taburiente hinab. Wir durchqueren den ausgedehnten Campingplatz unter schattigen Kiefern und gehen weiter zur *Playa de Taburiente* hinunter. Umringt von den hohen Felswänden der Caldera, breitet sich hier eine saftiggrüne Oase aus. Verästelte Wasserläufe führen durch die von Kanarischen Weiden gesäumte Aue. Zahlreiche Felsenbecken, durch die das frische Bergwasser in kleinen Kaskaden hindurchströmt, laden im Sommer zum erfrischenden Bad. Es fällt schwer, sich von diesem paradiesischen Ort loszureißen.

Wir kehren – anfangs fast widerstrebend – auf demselben Weg zurück.

Blick vom Kraterrand in die Caldera de Taburiente (Foto: Andreas Stieglitz)

26 Calle Valencia – Pista de Ferrer – Lomo de los Hornitos – Los Rodeos – Roque Bejenado – Calle Valencia

Verkehrsmöglichkeiten Von Santa Cruz (27 km) oder Los Llanos (15,5 km). Am östlichen Ortsrand von El Paso von der Hauptstraße Santa Cruz-Los Llanos (812) auf die Asphaltstraße Richtung La Cumbrecita/Ermita Virgen del Pino abbiegen. Nach 1 Kilometer fährt man an der Rechtsabzweigung zur Ermita vorbei. 200 Meter danach an der Straßengabelung links halten (Calle Valencia; Holzschild »Al Sendero de Bejenado 7km«). Nach 3 Kilometern endet die Asphaltierung, und die Straße setzt sich als sehr schlechte Forstpiste fort. Solange sie nicht in besserem Zustand ist, sollte man hier das Auto abstellen und die Wanderung beginnen.
Tourenlänge 16 Kilometer.
Wanderzeit 2½ Stunden Aufstieg, 2 Stunden Abstieg.
Höhenunterschiede 800 Höhenmeter Auf- und Abstieg.
Topographische Karten Instituto Geográfico Nacional, Edición para el turismo 1:50000 »Isla de La Palma«.
Wissenswertes Dieser etwas beschwerliche Aufstieg zum Roque Bejenado ist vor allem an dunstarmen Tagen sehr lohnend. Der höchste Punkt auf dem Südrand der Caldera de Taburiente bietet ein unvergleichliches Gipfelerlebnis. Gleich einem natürlichen Amphitheater umsäumen mächtige, steil abbrechende Felsschründe den ungeheuren Erosionskessel. Nach Süden schweift der Blick über die Hochebene von Los Llanos und den vulkanischen Höhenzug der Cumbre.
Anmerkung Angesichts des langen, etwas beschwerlichen Aufstiegs sollte man diese Tour möglichst früh am Morgen beginnen. Der lichte Kiefernwald bietet nur teilweise Schatten.
Tourenbeschreibung Wir folgen der Forstpiste *(Calle Valencia)* bergauf; bald verläuft am rechten Wegesrand eine weiße Mauer mit grünem Tor. Kurz nach deren Ende gehen wir an der Rechtsabzweigung eines Weges (»Camino particular«) vorbei auf der Forstpiste weiter. Nach knapp 25 Minuten weiterem Aufstieg setzt sich die Piste wieder asphaltiert fort. Etwa 100 Meter nach Beginn der Asphaltierung verlassen wir das Sträßchen und biegen links auf einen ansteigenden Forstweg ab (grüner Wegweiser »Bejenado«).

Nach kurzem Aufstieg stoßen wir an einer Tafel »Parque Nacional de Caldera de Taburiente« auf einen Querweg, dem wir nach links folgen. An der Gabelung, die wir sogleich erreichen, halten wir uns wiederum links. Unser Forstweg *(Pista de Ferrer)*

steigt gemächlich im Kiefernwald an. Er verläuft am Rande des Nationalparks, wie gelegentliche weiße Schilder »Parque Nacional« am linken Wegesrand bezeugen. Linkerhand wird allmählich der Blick auf die Hochebene von Los Llanos sowie den zentralen Gebirgsrücken von La Palma, die Cumbre, frei.

Nach etwa 20 Minuten auf diesem Weg erreichen wir eine leicht verblaßte ICONA-Informationstafel, die den weiteren Routenverlauf skizziert. Hier verlassen wir den Fahrweg und biegen rechts auf einen Erdweg, der zunächst direkt am Hang ansteigt. Schon bald verschmälert er sich zum Pfad, der in Kehren bergauf führt. Hohe, schlanke Kiefern mit schwarzverkohlten Stämmen zeugen von einem früheren Waldbrand. Im Unterwuchs gedeiht vereinzelt die rotblühende Scheidenblättrige Zistrose *(Cistus symphytifolius)* sowie der gelbblühende Hornklee *(Lotus spartioides)*.

Während des Aufstiegs auf dem gut geführten Waldpfad bieten sich linkerhand durch die Kiefern hindurch immer wieder schöne Ausblicke auf die Cumbre und den jungvulkanischen Lavaausfluß, der in die Ebene von El Paso/Los Llanos hinabreicht. Auch die Westküste kommt allmählich besser in Sicht. Wir steigen über den Bergrücken des *Lomo de los Hornitos* auf.

An der Örtlichkeit *Los Rodeos* (Hinweisschild) gelangen wir auf den Kamm der Caldera de Taburiente und können hier einen ersten Blick in den Kessel werfen. Wir wandern links ansteigend weiter und erreichen nach weiterem Aufstieg den Gipfel des *Pico Bejenado*. Gleich einem gigantischen Amphitheater breiten sich jenseits abgründiger Talschluchten die Felsschründe der Caldera aus; an den Hängen darunter und auf dem Kesselboden erstrecken sich Kiefernwälder. Nach Südwesten hin öffnet sich der Barranco de las Angustias zum Meer. Im Süden erkennen wir die zersiedelte Ebene von El Paso/Los Llanos sowie den vulkanischen Höhenzug der Cumbre. – Nach wohlverdienter Rast kehren wir auf demselben Weg zurück.

27 La Cumbrecita – Lomo de las Chozas – La Cumbrecita

Verkehrsmöglichkeiten Von Santa Cruz (29 km) auf der Hauptstraße (TF812) durch den Cumbre-Tunnel nach El Paso fahren. Am Ortseingang von El Paso rechts abbiegen (Wegweiser »Mirador de la Cumbrecita«). Nach 1 Kilometer fährt man an der Rechtsabzweigung zur Ermita Virgen del Pino vorbei. 200 Meter danach an der Straßengabelung rechts Richtung »Cumbrecita« halten. Die Straße endet nach 7 Kilometern an der Örtlichkeit La Cumbrecita. – Von Los Llanos (20 km) auf der Hauptstraße (TF812) Richtung Cumbre-Tunnel fahren und am Ortsausgang von El Paso links abbiegen (Wegweiser »Mirador de la Cumbrecita«). Weiter siehe oben.
Tourenlänge 3 Kilometer.
Wanderzeit ¾ Stunde.
Höhenunterschiede 80 Höhenmeter Ab- und Aufstieg.
Topographische Karten Instituto Geográfico Nacional, Edición para el turismo 1:50000 »Isla de La Palma«.
Wissenswertes Ausgangspunkt dieses bequemen Spaziergangs ist der Sattel La Cumbrecita (»Kleiner Höhenrücken«), der in den Südrand der Caldera de Taburiente eingesenkt ist. Hier bietet sich ein schöner Blick nach Süden auf das waldige Hochtal

von El Riachuelo (»Das Flüßchen«), eine alpin wirkende Landschaft, die sich zur Hochebene von El Paso öffnet. Die ungeheuren Ausmaße der Caldera lassen sich jedoch erst vom Lomo de las Chozas erkennen. Dieser natürliche Aussichtspunkt auf einer vorgeschobenen Felskanzel ist das Ziel unserer kleinen Rundtour. Unterwegs kommen wir durch lichten, unterwuchsarmen Kiefernwald. Die rußschwarze Borke vieler Bäume zeigt, daß es hier in jüngerer Zeit zu Waldbränden gekommen ist. Mit etwas Glück bekommen wir die Alpenkrähe (La Graja) zu Gesicht, die wegen ihres schwarzglänzenden Gefieders, des leuchtendroten Schnabels und der gelborangen Beine unverkennbar ist. Dieser Vogel ist auf den Kanaren lediglich auf La Palma und hier wiederum insbesondere in der Caldera anzutreffen.

Anmerkung Auf der Cumbrecita gibt es nur beschränkten Parkraum. – Am ICONA-Informationshäuschen ist ein Prospekt über den Nationalpark Caldera de Taburiente (auch auf deutsch) mit Kartenskizze erhältlich.

Tourenbeschreibung Vom Parkplatz am Sattel *La Cumbrecita* gehen wir wenige Schritte bis zur letzten Straßenbiegung zurück und biegen hier rechts auf einen breiten Fahrweg (brauner Wegweiser »Lomo de las Chozas«). Durch lichten Kiefernwald wandern wir allmählich bergab und erreichen schließlich eine breite Weggabelung; beide Wege führen am Aussichtspunkt *Lomo de las Chozas* wieder zusammen. Von dieser natürlichen Felskanzel genießen wir einen großartigen Ausblick in den weiten Kraterkessel der Caldera de Taburiente. Unterhalb der ungeheuren Steilabstürze breiten sich lichte Kiefernwälder aus.

Aussichtspunkt Lomo de las Chozas (Foto: Andreas Stieglitz)

Anschließend gehen wir ein kurzes Stück zurück, bis beide Wege wieder zusammenführen. Unmittelbar danach zweigt links ein Pfad ab, der etwas unterhalb unseres Hinweges an äußerst steilen Rutschhängen entlang verläuft (Vorsicht!). Er windet sich immer wieder durch kleine Seitenbarrancos, die wir teilweise auf Holzstegen überqueren. An einer Wasserleitung stoßen wir schließlich auf einen Pfad, dem wir rechts ansteigend folgen (Wegweiser »La Cumbrecita Salida«). Nach kurzem Aufstieg kommen wir wieder auf dem Parkplatz an der *Cumbrecita* heraus.

28 LP 22 – Degollada del Barranco de la Madera – Degollada del Río – Refugio de la Punta de los Roques – LP 22

Verkehrsmöglichkeiten Anfahrt von Santa Cruz (31 km) auf der Straße LP 22 Richtung Pico de los Muchachos. Nach kurvenreicher Auffahrt auf der LP 22 durch Lorbeer-, dann Kiefernwald zweigt links eine Forstweg ab, ausgeschildert »Pico de la Nieve 1,9km«. An dieser Abzweigung parken.
Tourenlänge 8 Kilometer.
Wanderzeit 4½ Stunden hin und zurück.
Höhenunterschiede 550 Höhenmeter Auf- und Abstieg.
Topographische Karten Instituto Geográfico Nacional, Edición para el turismo 1:50000 »Isla de La Palma«.
Wissenswertes Diese Tour führt auf rund 2000 Meter Meereshöhe am östlichen Kraterrand der Caldera de Taburiente entlang. Wir wandern auf einem gut angelegten ICONA-Weg durch lichte Kiefernwälder. Sofern nicht Wolken die Sicht verwehren, begleiten uns großartige Ausblicke in den gewaltigen Erosionskessel sowie auf die Ostseite von La Palma. Unser Ziel ist eine kleine Schutzhütte am Fuße des Pico del Cedro. Hier liegt die Inselmitte ausgebreitet vor uns.
Anmerkung Der Wanderweg ist mit braunen ICONA-Wegweisern markiert. – An den Außenhängen der Caldera darf mittwochs und samstags gejagt werden; diese Tage meiden.
Tourenbeschreibung Von der *Caldera-Straße LP 22* folgen wir zunächst dem breiten Forstweg bergauf. Ringsum erstreckt sich typisch kanarischer Kiefernwald mit spärlichem Unterwuchs. Nach etwa einer halben Stunde endet der befahrbare Forstweg auf einer kleinen Terrasse. Hier beginnt ein schön angelegter Fußweg (ausgeschildert zum »Pico de la Nieve«; ICONA-Informationstafel). Wir wandern gemächlich bergan und erreichen

Wanderweg auf dem Rand der Caldera de Taburiente (Foto: A. Stieglitz)

nach kurzer Zeit eine Weggabelung. Rechts geht es zum »Pico de la Nieve«, wir jedoch halten uns geradeaus Richtung »Ermita del la Virgen del Pino«. Wenn es nicht allzu wolkig ist, können wir schon bald linkerhand die Ostküste mit Santa Cruz sowie oberhalb der Passatschicht die Nachbarinseln Teneriffa und La Gomera erkennen – ein Fernblick, der uns nun begleiten wird.

Wir steigen weiter bergauf und stoßen erneut auf eine Wegverzweigung. Der rechte Weg führt zum »Pico de la Nieve«, wir halten uns jedoch wiederum links Richtung »Ermita de la Virgen del Pino«. Nach kurzer Zeit erreichen wir an der *Degollada del Barranco de la Madera* (ICONA-Tafel) den Kraterrand der Caldera de Taburiente. Der Blick schweift über den gewaltigen Erosionskessel, dessen weites Rund dramatischer, teils übersteiler Felsschründe sich vor uns ausbreitet. Rechterhand (unmittelbar nördlich von uns) erhebt sich der Pico de la Nieve, auf der gegenüberliegenden Seite des Kraters der Pico de los Muchachos, höchster Gipfel der Insel. Zur Ostküste hin fällt die gewaltige Schlucht des Barranco de la Madera ab.

Unser Weg führt nach Süden weiter. Wir kommen an einem auffälligen schwarzen Schlackehang vorbei, der sich rechterhand am Calderarand erhebt. Trittspuren führen auf die Kuppe hinauf, doch sollte man besser nicht hinaufsteigen: Der Hang ist rutschig und bricht jäh zur Caldera ab. Unser Wanderweg verläuft nun allmählich bergab, bis wir einen weiteren Einschnitt in den Kraterrand erreichen, die *Degollada del Río* (ICONA-Tafel). Nach Osten öffnet sich der tief eingeschnittene Barranco de la Hortelana.

Danach schlängelt sich unser Weg über Felshänge an der Außenseite des Kraterrandes bergauf. Wir umgehen dabei den Pico del Cedro, überqueren südlich dieses Gipfels den Kraterrand zur Innenseite und stoßen nach kurzem Abstieg auf den *Refugio de la Punta de los Roques.* Diese einfache Schutzhütte ist leider völlig verwahrlost. Von ihrem exponierten Standort bietet sich jedoch ein großartiger Blick nach Süden auf die Hochebene von El Paso, die Cumbre Nueva (je nach Wetterlage mit »Wolkenwasserfall«) und die sich anschließende Cumbre

Blick vom Kraterrand auf die Ostküste (Foto: Andreas Stieglitz)

Vieja mit den jüngeren Inselvulkanen. Das Panorama umfaßt bei guten Sichtverhältnissen außerdem die Nachbarinseln Teneriffa, La Gomera und El Hierro.

Wir kehren auf demselben Weg zurück.

29 Pista de Cumbre Nueva – Pico Ovejas – Refugio de la Punta de Los Roques – Pista de Cumbre Nueva

Verkehrsmöglichkeiten Von Santa Cruz (28 km) über Breña Alta und San Isidro auf gut ausgebauter Asphaltstraße zum Picknickgebiet (Zona Recreativa) El Pilar. Kurz vor Erreichen des Picknickgebietes zweigt in einer Linksbiegung der Asphaltstraße geradeaus eine breite Schotterstraße ab (grüne Tafel »Las Brenas«), die auf der Cumbre Nueva verläuft. Nach 1 Kilometer auf dieser Schotterstraße hält man sich an der Gabelung rechts auf dem Hauptweg. Nach weiteren 3 Kilometern mit teilweise tiefen Spülfurchen kommt rechterhand ein Umsetzer (Häuschen mit grünem Dach, Antennen); hier parken. – Von Los Llanos (25 km) über El Paso in Richtung Santa Cruz fahren und etwa 750 Meter vor Einfahrt in den Tunnel scharf rechts abbiegen. Das Asphaltsträßchen windet sich in Serpentinen zum Picknickgebiet (Zona Recreativa) El Pinar hoch. Kurz nach Passieren des Picknickgebietes in einer Rechtsbiegung links auf eine breite Schotterstraße abbiegen (grüne Tafel »Las Brenas«), die auf der Cumbre Nueva verläuft. Weiter siehe oben.

Tourenlänge 16 Kilometer.
Wanderzeit 2¾ Stunden Aufstieg, 2¼ Stunden Abstieg.
Höhenunterschiede 700 Höhenmeter Auf- und Abstieg.
Topographische Karten Instituto Geográfico Nacional, Edición para el turismo 1:50 000 »Isla de La Palma«.
Wissenswertes Diese Wanderung führt uns über den Höhenrücken der Cumbre Nueva zum Kraterrand der Caldera de Taburiente hinauf. Der stete Aufstieg über rund 700 Höhenmeter ist etwas beschwerlich, doch werden wir am Refugio de la Punta de los Roques (»Schutzhütte der Felsenspitze«) mit einem großartigen Panorama belohnt. Wir genießen einen herrlichen Blick in die Caldera sowie über die Inselmitte.
Anmerkung Einige Örtlichkeiten sind mit ICONA-Schildern markiert. – Man kann die Wanderung bereits an der Abzweigung der Schotterstraße unweit des Picknickgebietes El Pilar beginnen. Man müßte in diesem Fall aber zusätzlich insgesamt 8 Kilometer (knapp 2 Stunden) auf der teilweise breiten Schotterstraße wandern. Sie bietet in diesem Abschnitt kaum Ausblicke und ist weniger reizvoll, als es ihr Verlauf auf der Cumbre Nueva vermuten ließe. – Die Cumbre Nueva ist häufig in Passatwolken gehüllt, die von Osten anbranden und den Kamm umspülen; auf der Westseite lösen sie sich wieder auf (sogenannter »Wolkenwasserfall«). Sollte man oberhalb des Reventón-Passes (ab 1500 Meter) nicht aus der Wolkenschicht herauskommen, ist ein Abbruch der Tour ratsam. Das Wandern im Nebel wäre nicht ungefährlich; überdies würde man die Aussicht vermissen, deretwegen die Wanderung eigentlich erst lohnt.
Tourenbeschreibung Wir folgen dem Fahrweg unterhalb der Sendeanlage vorbei, die links auf einer Anhöhe steht. Der Weg verläuft auf dem Höhenrücken der Cumbre Nueva; dichter Lorbeerwald bedeckt die Hänge. Falls die Passatschicht niedrig genug liegt, erblicken wir im Südosten über Wolken hinweg die Nachbarinseln Teneriffa und La Gomera. Selten nur zeigt sich die Küstenzone mit Santa Cruz, denn meist liegt sie unter Passatwolken verborgen.

Nach zehn Minuten passieren wir ein altes Gitterwerk am linken Wegesrand. Einst diente es dazu, Kondenswasser aus den feuchten Passatwolken »auszumelken« – ganz so, wie es die Kanarischen Kiefern mit ihren langen Nadeln tun. Hier haben wir nach links einen schönen Blick auf die Hochebene von El Paso/Los Llanos mit den sie einrahmenden Gebirgszügen.

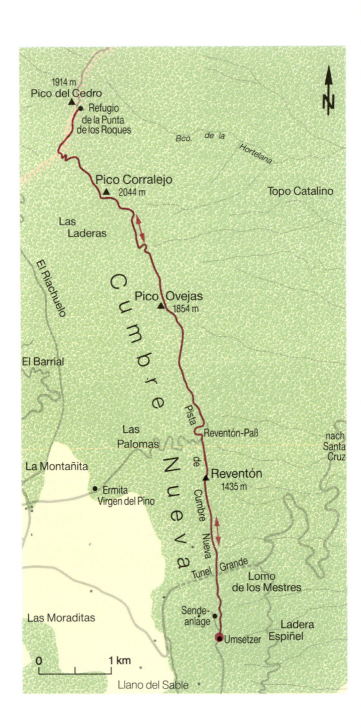

Wir wandern auf dem Höhenrücken der Cumbre Nueva entlang, bis wir die Wegverzweigung auf dem Reventón-Paß erreichen. Der Fahrweg gabelt sich hier; außerdem führt links der alte Fußweg *(camino real)* von der Ermita de la Virgen del Pino herauf (er setzt sich rechts zur Ostküste hinab fort). Wir folgen dem linken Fahrweg bergauf (Wegweiser »Pico de la Nieve«); unser anhaltender Aufstieg auf den Kraterrand beginnt. Anfänglich umgibt uns noch dichter Lorbeerwald, doch dann endet die *Pista de Cumbre Nueva,* und wir steigen auf einem Fußweg durch Kiefernwald weiter an. Im Frühjahr bereichert die rotblühende Scheidenblättrige Zistrose *(Cistus symphytifolius),* im Sommer der gelbblühende Codeso das Landschaftsbild.

Nach etwa 45 Minuten Aufstieg erreichen wir die wenig ausgeprägte Erhebung des *Pico Ovejas* (1854 m). Der Weg steigt weiter an, und wir umrunden eine halbe Stunde später den Pico Corralejo auf seiner Westflanke. Auf diesem Gipfel steht eine trigonometrische Meßsäule (2044 m). Vom Wegesrand schweift der Blick hinüber zur Caldera de Taburiente mit dem Sattel La Cumbrecita.

Unser Weg verläuft nun ohne größere Höhenunterschiede am Hang entlang. Schließlich erreichen wir das *Refugio de la Punta de los Roques.* Diese einfache Schutzhütte ist leider völlig verwahrlost. Wir gehen auf den nahen Felsvorsprung und schauen in die Caldera de Taburiente – ein überwältigendes Bild. Im Süden erkennen wir die Hochebene von El Paso, die Cumbre Nueva (je nach Wetterlage mit »Wolkenwasserfall«) und die sich

Blick vom Refugio de la Punta de los Roques auf die Cumbre Nueva

(Foto: Andreas Stieglitz)

anschließende Cumbre Vieja mit den jüngeren Inselvulkanen. Das Panorama umfaßt bei guten Sichtverhältnissen außerdem die Nachbarinseln Teneriffa, La Gomera und El Hierro.

Wir kehren auf demselben Weg zurück.

30 Ermita de la Virgen del Pino – Reventón-Paß – Fuente – Ermita de la Virgen del Pino

Verkehrsmöglichkeiten Von Santa Cruz (25 km) auf der Hauptstraße (TF812) durch den Cumbre-Tunnel nach El Paso fahren. Am Ortseingang von El Paso rechts abbiegen (Wegweiser »Mirador de la Cumbrecita«). Nach 1 Kilometer rechts zur Ermita Virgen del Pino abbiegen. – Von Los Llanos (13 km) auf der Hauptstraße (TF812) Richtung Cumbre-Tunnel fahren und am Ortsausgang von El Paso links abbiegen (Wegweiser »Mirador de la Cumbrecita«). Nach 1 Kilometer rechts zur Ermita Virgen del Pino abbiegen.
Tourenlänge 17 Kilometer.
Wanderzeit 2½ Stunden Hinweg, etwa 2¼ Stunden Rückweg.
Höhenunterschiede 680 Höhenmeter Auf- und Abstieg.
Topographische Karten Instituto Geográfico Nacional, Edición para el turismo 1:50000 »Isla de La Palma«.
Wissenswertes Von der Kapelle Ermita de la Virgen del Pino, am Rande der Hochebene von El Paso gelegen, führt diese Tour auf einem alten Pflasterweg den steilen Hang der Cumbre Nueva hinauf. Einst stellte dieser *camino real* (»Königsweg«) die Hauptverbindung zwischen dem Westen der Insel und der Hauptstadt dar. Tatsächlich setzt er sich am Reventón-Paß, wo wir den Kammrücken erreichen, nach Santa Cruz hinab fort. Wir jedoch verlassen ihn hier und folgen dem bequemen Weg entlang der Cumbre Nueva. Unser Ziel ist eine kleine Quelle im urwüchsigen Lorbeerwald.
Anmerkung An vielen Tagen im Jahr ist es wahrscheinlich, daß man beim Aufstieg von der Ermita in die Wolkenzone gerät. Die Cumbre Nueva ist häufig in Passatwolken gehüllt, die von Osten anbranden und den Kamm umspülen; auf der Westseite lösen sie sich wieder auf (sogenannter »Wolkenwasserfall«). Probleme bei der Orientierung sollte es auf dieser Tour dadurch aber nicht geben.
Tourenbeschreibung Hinter der Kapelle *Ermita de la Virgen del Pino* wandern wir geradeaus zwischen mächtigen alten Kie-

Der alte »Königsweg« (camino real) (Foto: Andreas Stieglitz)

fern direkt den Hang empor. Wir passieren sogleich zwei Terrassen, die von einem Holzgeländer umgeben sind, und steigen zwischen den knorrigen Baumriesen stetig bergan. Es ist egal, ob wir den ansteigenden Fahrspuren folgen oder über den dichten Nadelteppich gehen. Einige Seitenwege lassen wir unbeachtet; linkerhand verläuft ein niedriges, halbverfallenes Steinmäuerchen. Bald nachdem es endet, stoßen wir bei den letzten mächtigen Kiefern auf den Beginn des alten Pflasterweges.

In zahlreichen Windungen steigt dieser wunderschöne Weg am Hang der Cumbre Nueva an. Der Kiefernwald wird schließlich schütterer, und wir gelangen in die Höhenstufe des Lorbeerwaldes hinauf. Bald danach kommen wir an der Wegverzweigung auf dem *Reventón-Paß* heraus. Hier folgen wir dem Fahrweg nach rechts (Wegweiser »Refugio del Pilar«). Er führt am Kammrücken der Cumbre Nueva entlang nach Süden. Wir halten uns eine gute halbe Stunde auf diesem Weg. Dann muß auf-

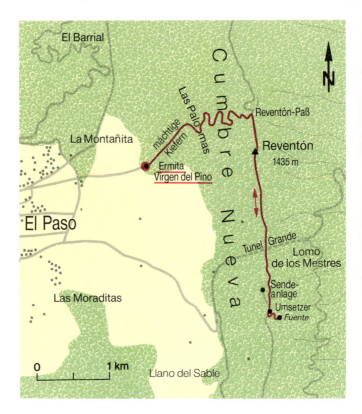

gepaßt werden, um nicht den links abzweigenden Pfad zur Quelle hinab zu übersehen:

Wenige Minuten nach Passieren eines Umsetzers (Häuschen mit grünem Dach und Antennen links des Weges) zweigt linkerhand ein schmaler Pfad ab (Stein mit weißer Aufschrift »Fuente a 200 m«), der in den dichten Lorbeerwald hinabführt. (Dieser Pfad zweigt unmittelbar *vor* einem Fahrweg ab, der ebenfalls links in den Wald abbiegt und nach 100 Meter an einem weiteren Umsetzer endet.) Unser Abstieg verläuft durch urwüchsigen Lorbeerwald. Zwischen knorrigen bemoosten Baumstämmen gedeihen große Farne, Wasser tropft von den Blättern herab. Nach etwa fünf Minuten Abstieg endet der Pfad an einer gefaßten Quelle.

In wildromantischer Umgebung können wir an der *Fuente* eine Rast einlegen, bevor wir auf demselben Weg zur Ermita zurückkehren.

31 El Tunel Grande – Nucleo Recreativo La Pared Vieja – El Tunel Grande

Verkehrsmöglichkeiten Anfahrt von Santa Cruz (17 km) auf der Hauptstraße (TF812) Richtung Los Llanos. Unmittelbar vor dem Tunneleingang (El Tunel Grande) zweigt links an einem Transformatorenhäuschen der Forstweg ab. Hier Parkmöglichkeit. – Anfahrt von Los Llanos (18 km) auf der Hauptstraße (TF812) Richtung Santa Cruz. Unmittelbar nach dem Tunnelausgang zweigt rechts an einem Transformatorenhäuschen der Forstweg ab. Hier Parkmöglichkeit.
Tourenlänge 16 Kilometer.
Wanderzeit 4 Stunden hin und zurück.
Höhenunterschiede 170 Höhenmeter Auf- und Abstieg.
Topographische Karten Instituto Geográfico Nacional, Edición para el turismo 1:50000 »Isla de La Palma«.
Wissenswertes Auf einem bequemen Forstweg wandern wir in rund 1000 Meter Höhe durch den dichten Nebelwald, der sich am Osthang der Cumbre Nueva ausbreitet. Unser Ziel ist das Picknick- und Erholungsgebiet La Pared Vieja. Hier laden Tische und Bänke im schattigen Wald zur Rast; eine Quelle sorgt für frisches Wasser. Ihren Reiz bezieht die Tour aus der Ruhe und Abgeschiedenheit, die wir unterwegs genießen. Im Nebelwald können wir neben den bestandsbildenden Lorbeerarten, dem Gagel und der Baumheide allerlei botanische Kostbarkei-

ten entdecken, so das Großblättrige Johanniskraut oder den Kanarischen Hahnenfuß.

Anmerkung Meist stauen sich in dieser Höhenlage die Passatwolken, so daß tagsüber mit Nebel zu rechnen ist.

Tourenbeschreibung Wir folgen dem Forstweg, der vor dem Eingang zum *Tunel Grande* beginnt, und sind sogleich von dichtem Lorbeerwald umgeben. Ohne nennenswerte Steigung windet sich der Weg durch zahlreiche Barrancotälchen am Osthang der Cumbre Nueva entlang. Es gibt keine Abzweigungen, auf die wir achten müßten, und so können wir in Muße wandern und die eigentümliche Stimmung genießen. Der Weg dient zugleich als Brandschutzschneise; am Wegesrand wurden die Gehölze daher teilweise gelichtet. Kurz vor Erreichen unseres Wanderziels lösen Kanarische Kiefern den Lorbeerwald ab. Nach knapp zwei Stunden sind wir an dem Picknickgebiet *La Pared Vieja* angelangt. – Von hier kehren wir nach geruhsamer Rast auf demselben Weg zum *Tunel Grande* zurück.

32 Zona Recreativa El Pilar – Ruta de los Volcanes – Fuencaliente

Verkehrsmöglichkeiten Anfahrt von Santa Cruz (24 km) über Breña Alta und San Isidro auf gut ausgebauter Asphaltstraße zum Picknickgebiet (Zona Recreativa) El Pilar. – Anfahrt von Los Llanos (21 km): über El Paso in Richtung Santa Cruz fahren und etwa 750 Meter vor Einfahrt in den Tunnel scharf rechts abbiegen. Das Asphaltsträßchen windet sich in Serpentinen zum Picknickgebiet (Zona Recreativa) El Pinar hoch. – Rückfahrt von Fuencaliente mit dem Bus Linie 8 nach Santa Cruz bzw. Linie 3 nach Los Llanos.
Tourenlänge 19 Kilometer.
Wanderzeit 6¼ Stunden.
Höhenunterschiede 570 Höhenmeter Aufstieg, 1270 Höhenmeter Abstieg.
Topographische Karten Instituto Geográfico Nacional, Edición para el turismo 1:50000 »Isla de La Palma«.
Wissenswertes Die »Vulkanroute« zählt zweifellos zu den interessantesten Wanderungen auf La Palma. Entlang der Cumbre Vieja führt sie vom Picknickgebiet El Pilar südwärts bis nach Fuencaliente hinab. Anders als der Name (Cumbre Vieja – »Alter Höhenrücken«) vermuten ließe, kam es in dieser langgestreckten Vulkankette bis in jüngste Zeit zu Vulkanausbrüchen, zuletzt 1949 im Bereich des Duraznero/Hoyo Negro. Für die

Die Ostküste von La Palma (Foto: Andreas Stieglitz)

Mühen der langen, mitunter beschwerlichen Wanderung werden wir mit überreichen Eindrücken belohnt. Vulkane, die in pechschwarzen bis rötlichen Farbtönen leuchten, abgrundtiefe Kratersenken, grünschillernde Kiefern auf dunklen Schlackehängen, würzige Kiefernwälder ... und hinreißende Ausblicke, die über einen Großteil der Insel hinwegreichen und an dunstarmen Tagen die Nachbarinseln Teneriffa, La Gomera und El Hierro einschließen.

Anmerkung Die Anfahrt erfolgt am besten mit dem Taxi (es gibt keine direkte Busverbindung!), die Rückfahrt mit dem Bus. – Der erste Teil der Vulkanroute bis zur Montaña Los Charcos verläuft auf einem gut angelegten ICONA-Weg und ist leicht zu bewältigen. Für den zweiten Teil der Wanderung ab der Montaña Los Charcos sind gute Wetterbedingungen (kein Nebel) erforderlich, da die Wegspuren hier nicht immer eindeutig sind und die Orientierung teilweise nach Sicht verläuft.

Tourenbeschreibung Wir gehen durch das Picknickgebiet *El Pilar* nach Süden am Toilettenhäuschen (weißes Gebäude) vorbei. Kurz danach biegen wir unweit eines Wasserreservoirs rechts über einen Holzsteg auf einen Pfad, der im Kiefernwald ansteigt. Nach knapp zehn Minuten folgen wir dem Pfad an einer Gabelung scharf nach rechts. Bald erreichen wir einen Aussichtspunkt. Der Blick schweift über das waldige Hochtal der Cumbrecita zum Kraterrand der Caldera de Taburiente.

Unser Pfad führt am Schlackehang des Vulkans *Pico Birigoyo* entlang und mündet dann auf einen Forstweg, dem wir nach links bergauf folgen. Etwa eine Viertelstunde später verlassen wir ihn und biegen rechts auf einen Fußweg, der auf den ersten Metern von zwei Steinmäuerchen begrenzt wird. Wir wandern nun durch ein geradezu liebliches Waldgebiet, das wie ein einziger Steingarten anmutet. Im Sommer bereichert der gelbblühende Codeso die Farbenpalette.

Nach zwanzig Minuten führt unser Weg auf einem Holzsteg über ein Erosionstälchen. Beim weiteren Aufstieg wird das Panorama immer großartiger. Wir wandern nun genau auf dem vulkanischen Gebirgskamm (Cumbre Vieja) der Insel. Der Blick reicht von der Ost- bis zur Westküste und umfaßt im Norden die Caldera de Taburiente. Der sorgfältig angelegte Fußweg endet auf einer Kuppe im Bereich der *Montaña Los Charcos*. Das anschließende Mittelstück der Vulkanroute führt über Pfade, die in Schlacke und Geröll eingefurcht sind.

Zunächst verläuft unser Pfad links am Krater des *Hoyo Negro* (»Schwarzes Loch«) vorbei, einer gewaltigen Vertiefung mit zerklüftetem Rand. Bald folgt die nächste Überraschung: In

Unterwegs auf der Vulkanroute (Ruta de los Volcanes) (Foto: Andreas Stieglitz)

Blickrichtung vor uns erhebt sich *La Deseada,* ein schwarzer Vulkan. Links davor in einer Senke liegt ein »See« aus Lava, deren Fließstrukturen deutlich zu erkennen sind – der *Cráter del Duraznero.* An der tiefsten Stelle des Pfades (links fällt der Hang zum Duraznero ab) kann man an der Gabelung geradeaus weitergehen, um zur Deseada aufzusteigen. Falls man auf diesen Abstecher verzichten möchte, geht man sogleich rechts weiter.

Eine knappe halbe Stunde später erreichen wir die *Montaña los Bermejales.* Auf dieser Erhebung steht eine trigonometrische Vermessungssäule. Die nächste Zeit geht es nun wiederholt etwas steiler bergab; entlang der ersten Abfahrtsspur stehen einige kleine Betonpoller (»MP 122« usw.).

Unsere erste Serie von Schlackeabfahrten ist etwa eine halbe Stunde später beendet. Wir wandern durch lichten Kiefernwald über flaches Gelände *(Llano de los Lajiones).* Der Wegverlauf ist hier nicht deutlich erkennbar. Wir halten uns geradeaus Richtung Süden, bis wir aus dem Wald heraustreten. Vor uns erhebt sich ein dunkler vulkanischer Hügel *(Montaña Cabrera),* den wir links umgehen. Unser Pfad verläuft eingekerbt am Hang in einer sandigen Senke.

Unerwartet tut sich dann einer der großartigsten Ausblicke der Wanderung auf. Geradeaus in Blickrichtung vor uns erhebt sich der rötliche *Volcán Martín,* rechts dahinter am Meereshorizont ist an dunstarmen Tagen El Hierro erkennbar. Linkerhand sehen wir die Nachbarinsel La Gomera. Das rötliche bis schwarze Lavagestein, die leuchtend-grünen Kiefern und das tiefblaue Meer bilden wunderbare Farbkontraste.

Der weitere Wegverlauf ist von hier bereits überschaubar: Unser Pfad führt auf einem kleinen Rücken zum Hang des Volcán Martín hinüber und verzweigt sich hier. Geradeaus kann man einen lohnenden Abstecher machen und zum Kraterrand aufsteigen; unsere Wanderroute führt jedoch rechts am Hang entlang weiter. Gelegentlich helfen weiße Pfeile (stark verblaßt) auf Felsen sowie vereinzelte Steine, die den Pfad begrenzen, auf dem nun folgenden Abschnitt bei der Orientierung. Zunächst führt unser Pfad am Hang des Vulkans bergab. Wir lassen uns nicht durch weniger begangene Pfade verwirren, die links sowie etwas später auch nach rechts verlaufen, und halten unsere Richtung bei.

Nach gut 20 Minuten stoßen wir auf eine Forstpiste (Schild »Vereda de las Cabras« = »Ziegenweg«). Nach rechts ist er zur »Fuente del Tión« ausgeschildert (man kann einen Abstecher hinauf zu dieser Quelle machen). Die Wanderroute führt jedoch geradeaus auf dem Pfad weiter bergab (Wegweiser »Fuencaliente«). Kurze Zeit später erreichen wir eine Wegkreuzung und wandern auf dem mittleren Fahrweg (für uns etwa geradeaus) weiter (Wegweiser »Fuencaliente«). Er führt im Kiefernwald gemächlich bergab.

Bald gehen wir an einem Weg vorbei, der von rechts hinten einmündet. Eine weitere Rechtsabzweigung lassen wir ebenfalls unbeachtet. An einer Weggabelung (Wegweiser »Fuencaliente«)

Unterwegs auf der Vulkanroute (Ruta de los Volcanes) (Foto: Andreas Stieglitz)

halten wir uns rechts. Auf dem Hauptweg wandern wir stetig bergab. Wir gelangen schließlich durch Weingärten, die auf Lavafeldern angelegt wurden und mit Steinmäuerchen eingefaßt sind *(Los Riveros)*. Hier stoßen wir auf einen Querweg, dem wir nach links bergab folgen.

Wir verlassen diesen Hauptweg nach gut fünf Minuten in einer Rechtsbiegung und gehen den links abzweigenden Waldweg hinab. Sogleich erblicken wir die Häuser von *Fuencaliente* unterhalb von uns. Wir kommen auf einem breiten Fahrweg heraus, dem wir wenige Schritte nach links folgen, und gehen dann auf einem Weg rechts am Sportplatz und der Kirche vorbei zur Hauptstraße im Ort hinab, wo auch die Bushaltestelle liegt.

33 Volcán de San Antonio

Verkehrsmöglichkeiten Von Santa Cruz (32 km) oder Los Llanos (28 km) nach Fuencaliente. Hier schräg gegenüber der Bar/Restaurante Centaurea an einem Eukalyptusbaum von der Hauptstraße abbiegen und dieser Straße Richtung Los Quemados gut 1 Kilometer bergab folgen. Nach den letzten Häusern von Fuencaliente links auf eine Piste abbiegen, die direkt zum Parkplatz am Fuße des Vulkans führt.
Tourenlänge 1 Kilometer.
Wanderzeit 20 Minuten.
Höhenunterschiede Gering.
Topographische Karten Instituto Geográfico Nacional, Edición para el turismo 1:50000 »Isla de La Palma«.
Wissenswertes Auf diesem eindrucksvollen Spaziergang, der sich zur Unterbrechung einer Autotour anbietet, umrunden wir den Krater San Antonio. Geologisch gehört die Südspitze La Palmas zur vulkanisch aktiven Zone, in der sich die Cumbre Vieja durch immer neue Ausbrüche entlang einer Verwerfungslinie nach Süden fortsetzt. Die jüngste Eruption fand 1971 statt, als der Volcán de Teneguía ausbrach und einen Monat lang aktiv blieb. Noch heute entströmen diesem Vulkan Hitze und Schwefeldämpfe. Der Volcán de San Antonio war zuletzt 1677 aktiv.
Anmerkung Eine Wanderung über den Vulkan Teneguía hinab zum Leuchtturm an der Punta de Fuencaliente (wie in manchen Reiseführern beschrieben) ist wenig empfehlenswert. Man müßte breiten Staubpisten folgen oder weglos über Schlackehänge rutschen und dann den beschwerlichen Aufstieg zurück bewälti-

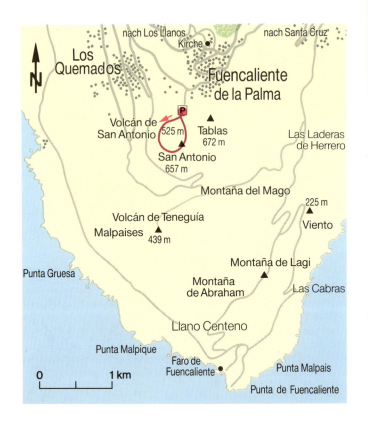

gen. Statt dessen sei empfohlen, die Südspitze La Palmas mit dem Auto zu erkunden.

Tourenbeschreibung Wir folgen dem Weg, der auf dem schmalen Kraterrand des *Volcán de San Antonio* entlangführt, entgegen dem Uhrzeigersinn. Im überraschend großen, steil nach innen abfallenden Krater (Durchmesser 250 Meter) haben sich Kiefern angesiedelt. Rechterhand erstrecken sich Weingärten auf den Lavafeldern; wir erkennen die Weiler Los Quemados und Las Indias. Weiter unten auf den Küstenebenen am Meer dehnen sich Bananenplantagen aus. Halb um den Krater herum passieren wir einen Trigonometrischen Vermessungspunkt (657 m). Nun öffnet sich der Blick nach Süden auf den Volcán de Teneguía. Links dahinter sehen wir den Leuchtturm an der Punta de Fuencaliente, daneben Salinen. Nachdem wir den Krater fast vollständig umrundet haben (das letzte Stück des Kraterrandes ist gesperrt), führt der Weg wieder zum Parkplatz hinab.

Gran Canaria

Die bekannteste und namengebende Insel des Kanarischen Archipels ist als Paradies für sonnenhungrige Strandurlauber bekannt. Berühmt ist die afrikanisch anmutende Dünenlandschaft von Maspalomas mit ihrem langen Sandstrand, um die sich das größte Ferienzentrum Europas drängt. Gran Canaria bietet jedoch mehr als Strand und Sonne, denn weiter landeinwärts warten einzigartige Landschaften auf Entdeckung.

Ähnlich wie das viel kleinere Gomera baut sich die annähernd kreisförmige Insel um ein zentrales Vulkanmassiv auf; höchste Erhebung ist der Pozo de las Nieves (1949 m). Von der gebirgigen Inselmitte reichen tief eingeschnittene Erosionsschluchten strahlenförmig nach allen Seiten zum Meer hinab. Diese Barrancos geben der wilden Landschaft ihr eigentümliches Gepräge. Während Abtragungskräfte das Antlitz der Insel über lange Zeiträume geformt haben, fehlen Anzeichen jüngerer vulkanischen Tätigkeit fast vollständig.

Die Dünenlandschaft von Maspalomas (Foto: Andreas Stieglitz)

Im Vergleich zu den westlichen Inseln des Archipels ist Gran Canaria deutlich trockener. Auf der feucht-kühlen Nordseite gab es zwar einst Lorbeerwälder, doch wurden diese vollständig gerodet, um ertragreichem Kulturland Platz zu machen. Ein trauriger Restbestand ist im Gebiet des Barranco de Los Tiles zu sehen. Im wilden Inselinneren erstrecken sich einige ausgedehnte Kiefernwälder, die zum Reiz der an sich kargen Landschaft beitragen.

Gran Canaria ist eine Insel der Kontraste. Mit einer halben Million Einwohner ist sie dicht besiedelt, doch verteilt sich die Bevölkerung sehr ungleichmäßig. Verstreut im zentralen Bergland liegen verträumte Weiler und malerische Dörfer. Der grüne Norden ist regelrecht zersiedelt, der trocken-heiße Süden hingegen bis auf die Ferienorte an der Küste nahezu unbewohnt. Die weitgehend unzugängliche Westküste bricht steil und felsig ab. Das traurige Bild einer durch Industrie, Intensivkulturen und Müll achtlos zerstörten Landschaft bietet die östliche Küstenebene. – Die lärmend-quirlige Hauptstadt Las Palmas ist mit 350000 Einwohnern die größte Ortschaft auf den Kanaren – eine ausufernde Urbanisation mit zersiedelten Wohnlandschaften. Der riesige Überseehafen hat das größte Frachtvolumen aller spanischen Häfen. Die Altstadt Vegueta, ein vornehmes und ruhiges Viertel mit stilvollen Bauten, lohnt einen Besuch. Angesichts des Verkehrs und der schlechten Ausschilderung empfiehlt es sich, den Großraum Las Palmas ansonsten weiträumig zu umfahren und als Naturliebhaber zu meiden.

Abschließend ein für Gran Canaria besonders wichtiger Hinweis: Nehmen Sie auf Wanderungen genügend Verpflegung und vor allem reichlich Wasser mit! Mehr als auf den anderen Inseln ist man auf den eigenen Vorrat angewiesen, denn viele Regionen sind völlig einsam und äußerst arm an Quellen.

34 Tasartico – Cañada de Aguas Sabinas – El Puerto – Playa de Güigüí – Tasartico

Verkehrsmöglichkeiten Anfahrt von Maspalomas (60 km): Über Mogán auf der C810 Richtung San Nicolás fahren und 4 Kilometer hinter der Abzweigung nach Tasarte links nach Tasartico abbiegen. Dem schmalen Asphaltsträßchen gut 6,5 Kilometer bis Tarsatico folgen.
Tourenlänge 12 Kilometer.
Wanderzeit 5 Stunden hin und zurück.
Höhenunterschiede 965 Höhenmeter Auf- und Abstieg.
Topographische Karten Cartografía Militar de España, Serie L 1:50000 »San Nicolás de Tolentino« (41–42).
Wissenswertes Güigüí – dieser sonderbare Name macht neugierig. In der Berbersprache bedeutet das Wort Höhle, Tal und

Schlucht. Hier bezeichnet es einen großen und einen kleinen Barranco, die beide an der noch unberührten Südwestküste ins Meer münden. Die herrliche Küste mit ihren sauberen Sandbuchten steht in diesem Abschnitt unter Naturschutz, und es bleibt zu hoffen, daß sie so von der touristischen Erschließung verschont bleibt. Einstweilen sind die einsamen, von einer grandiosen Felskulisse eingerahmten Strände ganz den Wanderern vorbehalten, die hier am Ziel ihres mühsamen Fußmarschs reichlichst belohnt werden. Tatsächlich gilt vielen die Playa de Güigüí als der überhaupt schönste Strand auf Gran Canaria.

Anmerkung Die Wanderroute führt größtenteils über steile, oft rutschige und geröllbedeckte Pfade; unterwegs gibt es keinerlei Schatten. Genügend Wasser mitnehmen! – Nur bei Ebbe kann man von der Meeresbucht »El Puerto« zur größeren Nachbarbucht »Playa de Güigüí« weitergehen. Angaben über die täglichen Gezeiten (*bajamar* = Ebbe, *pleamar* = Flut) finden sich in lokalen Tageszeitungen. Achtung: Man muß unbedingt darauf achten, rechtzeitig wieder zur Ausgangsbucht El Puerto zurückzukehren. Der Weg zwischen beiden Buchten wird bereits bei einsetzender Flut völlig abgeschnitten; bis zur nächsten Ebbe gibt es dann keine Rückkehrmöglichkeit!

Tourenbeschreibung Ausgangspunkt unserer Wanderung ist der abgeschiedene Weiler *Tasartico*, im gleichnamigen Barranco gelegen. Die wenigen Häuser scharen sich um ein kleines, unscheinbares Kirchlein. Wir folgen dem Fahrweg, der im Anschluß an die Asphaltstraße in den Barranco hinabführt. Im Talgrund wird Gemüse angebaut, teilweise in einfachen Gewächshäusern. Nach etwa zehn Minuten passieren wir den *zweiten* Stromleitungsmast, der rechts des Weges steht. Etwa 100 Meter danach (wir befinden uns hier unterhalb der Stromleitung) verlassen wir den Fahrweg, steigen rechts über eine kleine Rohrleitung und folgen einem deutlich erkennbaren Pfad hangaufwärts. In der Trockenvegetation, die den Hang bedeckt, kommen Tabaiba und Säulen-Euphorbien vor.

Unser Pfad führt nach einigen Kehren allmählich in den Seitenbarranco *Cañada de Aguas Sabinas* hinein. Nach einer Viertelstunde durchqueren wir das Barranco-Bett nach links. Es folgt der anhaltende, steile und recht beschwerliche Aufstieg auf dem teils grob mit Steinen befestigten, teils mit losem Geröll übersäten Pfad. Wir steigen über lange Zeit in Kehren an, passieren schließlich ein kleines Marmorkreuz und erreichen kurz danach einen Paß. Er bildet den tiefsten Einschnitt des Bergrückkens, der den Barranco de Tasartico vom Barranco de Güigüi Grande trennt. Unvermittelt öffnet sich hier über wildes Bergland hinweg ein hinreißender Blick auf das blauschimmernde Meer; das ferne Grollen der Brandung dringt bis zu uns empor.

Nach wohlverdienter Verschaufpause beginnt unser Abstieg. Der alte Fußweg ist nun in etwas besserem Zustand; zudem lockt das noch ferne Ziel. Teils in steilen Kehren, teils geradlinig entlang des Hangs wandern wir bergab. Nach etwa 45 Minuten erreichen wir eine Gabelung: Geradeaus führt ein Pfad auf gleichbleibender Höhe am Hang entlang weiter, wir jedoch steigen links in den Barranco hinab (weiter unten ist ein kleines Gehöft erkennbar).

Zehn Minuten später mündet unser Pfad in das Barranco-Bett. Im felsigen Geröllbett wandern wir nun bergab und lassen den Pfad unbeachtet, der alsbald rechts herausführt. Wir unterqueren eine Rohrleitung, die den Barranco kreuzt. Bald danach folgen wir einem Pfad nach links in den Barranco de Güigüi Grande hinab und durchqueren ihn. Auf der rechten Seite des dicht mit Spanischem Rohr bewachsenen Geröllbetts wandern wir bergab, unterhalb eines kleinen Gehöfts vorbei.

Ein teils sandiger Pfad führt über Felsstufen steil in die Sand- und Kiesbucht *El Puerto* hinab, wo der Barranco de Güigüi Grande ins Meer tritt. Bei Ebbe können wir nach rechts am

Strand entlang zur sandigen Nachbarbucht *Playa de Güigüí* weitergehen; hier öffnet sich der Barranco de Güigüí Chico zum Meer. Dazu müssen wir an einigen vorspringenden Felsen die Schuhe ausziehen, denn selbst bei Ebbe ist diese Stelle nicht trockenen Fußes zu umgehen. Achtung: an die rechtzeitige Rückkehr vor Einsetzen der Flut denken!

Wir kehren auf demselben Weg zurück.

35 El Juncal – Casa Forestal de Pajonales – Cruz de las Huesitas – El Juncal

Verkehrsmöglichkeiten Von Maspalomas (40 km) über San Bartolomé nach Ayacata fahren und von hier knapp 3 Kilometer weiter (Richtung Tejeda), bis links die Abzweigung nach El Juncal/El Toscón kommt. Diese Straße hinabfahren und nach 100 Metern wieder links abbiegen. Dieses Sträßchen führt direkt nach El Juncal, wo man am besten in der Nähe der Kirche parkt.
Tourenlänge 13 Kilometer. **Wanderzeit** Etwa 3½ Stunden.
Höhenunterschiede 440 Höhenmeter Auf- und Abstieg.
Topographische Karten Cartografía Militar de España, Serie L 1:50000 »Telde« (42-42) und »San Nicolás de Tolentino« (41–42).
Wissenswertes Im westlichen Teil des Inselinneren von Gran Canaria erstreckt sich das Naturschutzgebiet Ojeda, Inagua y Pajonales. Durch seine Mitte verläuft eine Gipfelkette, deren höchste Erhebung die Montaña de Sándara (Azándaras; 1583 m) bildet. Mit etwas Glück bekommt man in diesem waldigen Schutzgebiet Mäusebussarde, Spechte und Rebhühner zu Gesicht. Im Frühjahr bereichern Zistrosen die Farbpalette der an sich unterwuchsarmen und trockenen Kiefernwälder.

Unsere Tour führt von dem kleinen Weiler El Juncal (»Die Binse«) in das Schutzgebiet. Unterwegs bieten sich schöne Ausblicke auf das durch Felsschluchten zerschnittene, wilde Bergland. Großartig ist die Sicht nach Norden: Zwischen den Felsschluchten des Barranco de Siberio und des Barranco de Tejeda erheben sich der mächtige Bergrücken des Roque de los Pérez und der auffällige Felsturm des Roque Bentaiga.
Anmerkung Es empfiehlt sich, diese Tour früh morgens oder am späten Nachmittag zu unternehmen, da man zu diesen Tageszeiten eine größere Chance hat, auch einige Vögel zu sehen. Außerdem wirkt das zerklüftete Bergland bei tiefem Sonnenstand besonders imposant; in der rötlichen Abendsonne er-

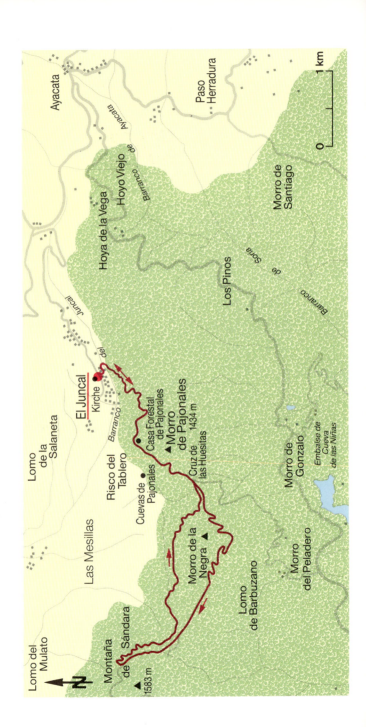

strahlt die karge vulkanische Landschaft in beinahe unwirklichen Farbtönen.

Tourenbeschreibung Gegenüber der Kirche in *El Juncal* gehen wir das Sträßchen in den Barranco del Juncal hinab. Nach kurzer Zeit queren wir den Talgrund nach rechts. Die Asphaltierung endet hier, und wir folgen dem Fahrweg durch Kiefernwald bergauf. Nach einer halben Stunde passieren wir ein Forsthaus, die *Casa Forestal de Pajonales* (rechterhand grüne Tafel »Pajonales«). Wir wandern geradeaus auf dem Hauptweg weiter, der nun am Hang des Morro de Pajonales (1434 m) entlangführt.

Eine Viertelstunde später erreichen wir die breite Wegverzweigung *Cruz de las Huesitas.* Hier folgen wir dem rechten Fahrweg hinauf; eine Kette hindert nach wenigen Metern an der unerlaubten Weiterfahrt. Etwa 50 Meter danach verlassen wir den Fahrweg und wandern links auf einem ansteigenden Waldpfad weiter. Anfänglich verläuft der Waldpfad oberhalb des Fahrweges, dann beginnt er in Serpentinen bergauf zu führen. Vor uns erhebt sich der braunschwarze Gipfel des Morro de la Negra. Dieser alte Vulkankegel ist bis auf die verhärtete Schlotfüllung abgetragen. – Bald wandern wir an einer Verzweigung links weiter bergan; die rechte Abzweigung führt wieder zum Fahrweg zurück. Wir steigen in Kehren durch unterwuchslosen Kiefernwald auf. Teilweise ist unser Fußweg durch ein Mäuerchen seitlich abgestützt und grob mit Steinen befestigt. Nach einiger Zeit können wir entfernt im Südwesten den Barranco de Mogán ausmachen, im Südosten den Stausee des Embalse de Cueva de las Niñas. Nach weiterem Aufstieg, der uns halb um den Morro de la Negra herumführt, erreichen wir einen Bergrücken. Nach rechts schweift der Blick über wildzerklüftetes Bergland – ein großartiges Panorama, das uns für den Rest der Wanderung begleiten wird. – Wir wandern auf dem Bergrücken entlang, bis wir eine deutliche Weggabelung erreichen. Hier halten wir uns rechts, um die vor uns liegende Montaña de Sándara – den höchsten Gipfel des Schutzgebietes – auf ihrer rechten (nordöstlichen) Hangseite zu umrunden. Wenige Minuten nach der Gabelung steigen wir über grob befestigte Felsstufen an. Am kiefernbestandenen Hang entlang führt der Weg weiter, bis er auf einen Fahrweg mündet. – Wir folgen ihm nach rechts und wandern nun gemächlich bergab. Immer wieder genießen wir linkerhand (nach Norden) die wunderschöne Aussicht auf das wilde Bergland. Unten im Vordergrund liegt die Hochebene des Risco del Tablero. Schließlich gelangen wir wieder zur Wegverzweigung *Cruz de las Huesitas* und wandern nun über unseren Hinweg an der Casa Forestal vorbei nach *El Juncal* zurück.

36 Artenara – Acusa Seca – Acusa Verde – Acusa – Artenara

Verkehrsmöglichkeiten Anfahrt von Maspalomas (53 km) über San Bartolomé nach Tejeda. Am nördlichen Ortsende (bei Straßenkilometer 42) links abbiegen auf die Nebenstraße nach Artenara. An der Straßenkreuzung am westlichen Ortseingang von Artenara links die Straße hinauffahren, die an der Schule (weißes Gebäude) vorbeiführt. Die Straße endet nach 600 Metern am Parkplatz vor dem Friedhof.
Tourenlänge 15 Kilometer. **Wanderzeit** 4½ Stunden.
Höhenunterschiede 530 Höhenmeter Auf- und Abstieg.
Topographische Karten Cartografía Militar de España, Serie L 1:50000 »Telde« (42–42) sowie »San Nicolás de Tolentino« (41–42).
Wissenswertes Ausgangspunkt der Rundwanderung ist Artenara, das mit 1230 Metern höchstgelegene Dorf der Insel. In der Sprache der Altkanarier bedeutet der Ortsname »Land, das zwischen Felsen versteckt ist« – eine sehr treffende Bezeichnung. Von Artenara wandern wir auf einem grob gepflasterten Fußweg zur Vega de Acusa hinab. Diese Hochebene erhebt sich gleich einem Tafelberg am Rande des großartigen Barranco de Tejeda. Wir umrunden die Vega de Acusa und kommen an Höhlenwohnungen vorbei, in denen zum Teil noch heute Menschen leben. Es bietet sich ein Bild, das an die indianischen *cliff dwellings* im Südwesten der USA erinnert.
Anmerkung Im Anschluß an die Wanderung bietet sich die wohlverdiente Einkehr in eines der beiden Restaurants von Artenara mit Aussichtsterrasse auf den Barranco de Tejeda an: Bar/Restaurant »La Esquina« schräg gegenüber der Kirche bzw. Restaurant »Mesón La Silla« oberhalb des Busparkplatzes.
Tourenbeschreibung Unmittelbar vor Erreichen des Friedhofs von *Artenara* zweigt links ein Fahrweg ab, dem wir etwa 200 Meter zu einem Sattel hinauf folgen. Nach Süden öffnet sich hier ein atemberaubender Blick in den Barranco de Tejeda. Zerrissene Bergkämme und steile Felswände rahmen seine weiten Talschluchten ein. Blickfang ist der mächtige Felsturm des Roque Bentaiga, im Hintergrund überragt von der Felsnadel des Roque Nublo. Wir verlassen hier den Fahrweg und folgen einem Pfad, der schräg nach links vorne am Hang hinabführt. Kurze Zeit später taucht in Blickrichtung vor uns die Vega de Acusa auf. Im Sommer schimmert die grasbewachsene Hochebene goldgelb. An ihrem rechten Rande liegt die weiße Häusergruppe von Acusa, die sich um ein Kirchlein schart.

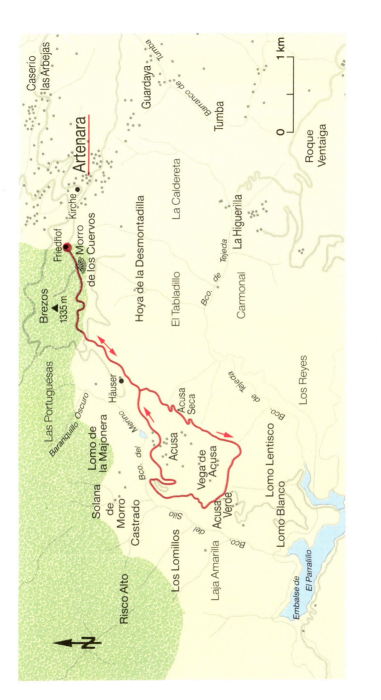

Der Pfad führt über Schotter und loses Geröll am Hang entlang bergab und quert einen Kiefernhain. Wir wandern auf einem alten, heute weitgehend verfallenen Verbindungsweg, wie einzelne grob mit Steinen gepflasterte Abschnitte beweisen. Nach einer knappen halben Stunde stoßen wir auf einen Fahrweg, überqueren ihn und steigen zwischen Büschen und Felsen ein kurzes Stück auf. Der Verlauf unseres Pfades ist zunächst nicht ganz eindeutig, doch kaum haben wir die Kuppe überschritten, wandern wir erneut auf einem teilweise grob gepflasterten Fußweg bergab.

Oberhalb einiger Häuser endet der Weg an einem Betonmäuerchen. Wir folgen diesem Mäuerchen nach links, umrunden einige Gärten und erreichen schließlich eine Asphaltstraße, der wir nach links Richtung Acusa folgen. Wenige Minuten später verlassen wir sie und biegen vor einem Kreuz links auf ein zunächst ansteigendes Asphaltsträßchen ab (alter Wegweiser »Acusa Seca 3km«). Es führt alsbald entlang der steilen Flanke der Vega de Acusa bergab. Linkerhand erstreckt sich die Talschlucht des Barranco de Tejeda; Dattelpalmen zieren sein grünes Bachbett. – Das Asphaltsträßchen endet an einem weißgekalkten Haus, das in die Felswand hineingebaut wurde, und wir wandern auf einem Fußweg geradeaus weiter. Nun bietet sich ein überraschender Anblick: An der Felswand breitet sich die ausgedehnte Höhlensiedlung von *Acusa Seca* aus. Die noch bewohnten Wohnhöhlen mit ihren sauber getünchten Fassaden sind von gepflegten Vorgärtchen umgeben. Besonders fallen die hölzernen Eingangstüren und die dazu passenden Fensterläden auf. Wir steigen an der sonderbaren Siedlung vorbei allmählich bergab und biegen bei den letzten, verlassenen Wohnhöhlen rechts auf einen schmalen, teilweise etwas zugewachsenen Pfad ab, der zunächst leicht ansteigend am Hang verläuft.

Der Pfad führt unterhalb der steil abbrechenden Vega de Acusa über Trockenhänge, die links zum Barranco de Tejeda abfallen. Wir kommen schließlich an einer weiteren von Höhlen durchlöcherten Felswand vorbei. Es handelt sich um eine altkanarische Höhlensiedlung aus der vorspanischen Zeit, die nicht mehr bewohnt ist. Danach umrunden wir einen Felsvorsprung. Hier fällt der Blick nach Westen auf die Fortsetzung des Barranco de Tejeda, der sich tief in das wilde Bergland eingenagt hat. Rechts unten am Rande bewirtschafteter Terrassenfelder stehen ein paar weißgekalkte Häuschen.

Wegen des losen Gerölls ist unser Pfad auf einem kurzen Abschnitt etwas rutschig; beim Abstieg ist also Vorsicht geboten. Wir wandern unterhalb einer Felswand entlang, in der weitere altkanarische Wohnhöhlen liegen. Heute dienen sie als Ställe oder Vorratsräume. Links unterhalb unseres Pfades erstrecken sich sorgfältig bebaute Terrassenfelder. In der reichhaltigen Trockenvegetation, durch die unser Pfad führt, fällt der zierliche Balo *(Plocama pendula)* mit seinen nadelartig herabhängenden Zweigen auf.

An einer Gabelung ist es egal, wie wir uns entscheiden: Beide Pfade führen zu einem Fahrweg hinab, dem wir nach rechts bis zur Einmündung auf die Asphaltstraße folgen. Wir wandern entlang der Straße nach rechts bergauf und kommen alsbald an der kleinen Höhlensiedlung *Acusa Verde* vorbei. Weißgetünchte Wohnhöhlen, von üppiggrünen Gärten umgeben, verstecken

Der Barranco de Tejeda mit dem Roque de Tejeda; im Hintergrund erhebt sich der Roque Nublo (Foto: Andreas Stieglitz)

sich beinahe unter der rotbraunen Felswand. Die Straße führt auf der Ostseite des tief eingeschnittenen Barranco del Silo bergauf. Verstreut stehen Dattelpalmen unten im Tal, weiter oben breiten sich Mandelbäume aus. Im Sommer bereichern die haushohen Blütenstände der Agaven das Landschaftsbild.

Wir steigen etwa 20 Minuten auf der Straße bergauf, bis sie zur ersten scharfen Rechtskurve führt und danach in weiten Serpentinen ansteigt. Wir verlassen sie hier, um eine Abkürzung zu nehmen, die uns etliche Asphaltmeter erspart, und folgen dem undeutlichen Pfad, der sich zwischen Mandelbäumen emporschlängelt. Er mündet schließlich wieder auf die Asphaltstraße, die wir weiter bergaufgehen.

Schließlich passieren wir den Weiler *Acusa,* lediglich aus ein paar Häusern bestehend, die sich um das Kirchlein scharen. Wir halten uns geradeaus auf der Hauptstraße und wandern nun am Rande der Vega de Acusa entlang. Einst intensiv bewirtschaftet, streicht heute der Wind über die verwilderten Grasfluren der Hochebene. Linkerhand im Barranco del Merino liegt das kleine grünbraune Staubecken der Presa de la Candelaria. Eine Viertelstunde später haben wir wieder die Abzweigung erreicht, an dem unsere Umrundung der Vega de Acusa begann, und kehren nun über unseren Hinweg nach *Artenara* zurück.

37 Roque Nublo

Verkehrsmöglichkeiten Anfahrt von Maspalomas (36 km) über San Bartolomé nach Ayacata. Hier rechts abbiegen auf die C-811 Richtung Los Pechos/Cueva Grande. Nach etwa 2,5 Kilometern kommt linkerhand ein Parkplatz, wo der Fußweg zum Roque Nublo beginnt.
Tourenlänge 4 Kilometer.
Wanderzeit Etwa 1¼ Stunden hin und zurück.
Höhenunterschiede 150 Höhenmeter Auf- und Abstieg.
Topographische Karten Cartografía Militar de España, Serie L 1:50000 »Telde« (42–42).
Anmerkung Man sollte an warme Kleidung denken, denn in dieser Höhenlage kann es selbst im Sommer feucht und kalt sein. Ein Aufstieg früh am Morgen empfiehlt sich, da im Laufe des Vormittags häufig Passatwolken aufziehen.
Wissenswertes Ziel unseres bequemen Aufstiegs ist der Roque Nublo (1813 m). Einsam im wilden Bergland von Gran Canaria aufragend, bildet dieser rotbraune Felsturm ein markantes Wahrzeichen der Insel. Er stellt den stehengebliebenen Rest eines erodierten Vulkanschlotes dar, der im Laufe von Jahrmillionen durch Abtragung aus dem umgebenden Gestein herausgeschält wurde. Nicht selten macht er seinem Namen alle Ehre, dann nämlich, wenn der »Wolkenfels« von Passatnebel umwallt ist. Eine beinahe mystische Aura umgibt den Roque Nublo, wenn er plötzlich im wogenden Wolkenmeer auftaucht und sogleich wieder verschwindet.
Tourenbeschreibung Vom Parkplatz folgen wir dem angelegten Fußweg, der auf die charakteristische Felsgruppe um den Roque Nublo zuführt. Schon bald bietet sich rechterhand ein

Blick in die gewaltige Schlucht des Barranco de Tejeda. Im Hintergrund ist die Nachbarinsel Teneriffa erkennbar. (Foto: Andreas Stieglitz)

schöner Blick in den oberen Barranco de Tejeda. Auf der gegenüberliegenden Talseite breiten sich zwischen Ackerterrassen die Häuser von La Culata aus. Nach weiterem Aufstieg taucht im Nordwesten bei klarer Sicht Teneriffa am Horizont auf. Kurz danach führt unser Fußsteig auf ein Hochplateau, an dessen südlichem Ende sich der *Roque Nublo* erhebt. Am Fuße dieses Felsturms schweift der Blick über die wildzerklüftete Landschaft Gran Canarias. Gewaltigste der eindrucksvollen Schluchten, die die Insel nach allen Seiten zerfurchen, ist der Barranco de Tejeda. Er führt im weiten Bogen westwärts Richtung San Nicolás; an seinem Nordrand erkennen wir die Hochebene der Vega de Acusa.

Wir kehren auf demselben Weg zurück.

38 Caldera de Bandama

Verkehrsmöglichkeiten Anfahrt von Maspalomas (55 km): Auf der Autobahn Richtung Las Palmas fahren. Nördlich von Telde der Abzweigung C-812 etwa 1,5 Kilometer folgen und dann rechts nach Marzagán/Tafira abbiegen. Das Sträßchen windet sich kurvenreich bergauf. In Tafira Alta links weiter bergauf fahren und in Monte Coello links nach Bandama biegen. An der Straßenkreuzung in der kleinen Ortschaft parken; geradeaus führt die Straße zum Pico de Bandama hinauf. – Von Las Palmas führt die Buslinie 311/312 nach Bandama; Fahrzeit 50 Minuten. Die Bushaltestelle liegt direkt neben der Kreuzung im Ort.
Tourenlänge   5 Kilometer.
Wanderzeit   1¼ Stunden.
Höhenunterschiede   150 Höhenmeter Auf- und Abstieg.
Topographische Karten   Cartografía Militar de España, Serie L 1:50000 »Telde« (42–42).
Anmerkung   Der Pfad auf dem Kraterrand erfordert Trittsicherheit und Schwindelfreiheit. – Das Innere des Kraterkessels

steht unter Naturschutz und darf nur mit Sondergenehmigung betreten werden. Anträge sind einige Tage im voraus an den Cabildo Insular, Abt. Medio Ambiente, Calle Bravo Murillo, Las Palmas, zu richten.

Wissenswertes Die Caldera de Bandama bildet den besterhaltenen Vulkankrater Gran Canarias. Steilwandig fällt der ziemlich symmetrische Kraterkessel rund 200 Meter zur Innenseite ab; sein Durchmesser beträgt rund 800 Meter. Im Anschluß an die Rundwanderung, die rings um den Krater führt, sollte man es nicht versäumen, auf der Straße zum Pico de Bandama weiterzufahren (Parkplatz, Bar, Andenkenläden). Es bietet sich ein großartiges Panorama des – leider stark zersiedelten – Nordostens der Insel mit der vehement sich ausbreitenden Hauptstadt Las Palmas. Beeindruckend auch der Blick hinab in die Caldera de Bandama.

Der Felsturm des Roque Nublo, ein Wahrzeichen Gran Canarias
(Foto: Andreas Stieglitz)

Tourenbeschreibung Von der Kreuzung bei der Bushaltestelle im Weiler Bandama folgen wir der Straße Richtung Pico de Bandama hinauf. Rechterhand schauen wir direkt in den Krater hinein. Nach knapp 10 Minuten Aufstieg verlassen wir die Straße in einer Linksbiegung; am rechten Straßenrand befindet sich eine kleine Parkbucht (Platz für ein Auto). Wir folgen dem ziemlich breiten Weg, der hier nach links zum Rand der *Caldera de Bandama* hinabführt. Dann halten wir uns rechts, steigen die Anhöhe hinauf und folgen dem Pfad, der auf dem Kraterrand verläuft. Zu beiden Seiten bieten sich schöne Ausblicke. Rechts unten auf dem Kraterboden liegt ein armseliges Gehöft zwischen den Feldern.

Allmählich umrunden wir den Kraterrand. Auf der gegenüberliegenden Seite erreichen wir das exklusive Hotel Golf Bandama. Der zugehörige Golfplatz ist der älteste Spaniens und wurde 1891 von Engländern gegründet. Über die Hotelzufahrt und an Tennisplätzen vorbei gelangen wir auf die Straße, die rechts nach Bandama zurückführt.

Jardín Botánico Viera y Clavijo

Verkehrsmöglichkeiten Von Maspalomas (52 km): Auf der Autobahn nach Las Palmas fahren und von hier der C-811 etwa 7 Kilometer südwestwärts nach Tafira Baja folgen. Rechterhand (vor Erreichen der Straßengabelung, an der es rechts nach Tamaraceite geht) kommt die Abzweigung zum oberen Eingang des »Jardín Canario« (Hinweistafel). – Der untere Eingang liegt rechts an der Straße, die von Tafira über La Calzada Richtung Tamaraceite führt (Hinweistafel »Jardín Canario«). – Vom Busbahnhof in Las Palmas fährt alle Viertelstunde ein UTINSA-Bus am Botanischen Garten vorbei nach Tafira Alta (301-303, 311-312).
Tourenlänge siehe unten.
Wanderzeit Man plane für den Besuch wenigstens einen halben Tag ein, um den reichen Pflanzenbestand einigermaßen kennenzulernen.
Höhenunterschiede gering.
Topographische Karten Cartografía Militar de España, Serie L 1:50000 »Telde« (42–42).
Wissenswertes Der Ausflug zum Botanischen Garten bei Tafira ist äußerst lohnend und sei allen Besuchern Gran Canarias unbedingt empfohlen. Nicht nur unter Kennern gilt der Jardín Botánico als wahres Juwel. Er ist der wissenschaftlichen Forschung und dem Erhalt der kanarischen Pflanzenwelt gewidmet und vermittelt einen umfassenden Überblick über die artenreiche heimische Vegetation des Archipels. Endemische Pflanzen, die in freier Natur nur selten oder schwer aufzufinden sind, lassen sich hier bequem betrachten.

Der äußerst geschmackvoll und mit viel Liebe fürs Detail angelegte Garten breitet sich im Talgrund und am östlichen Steilhang des Barranco de Guiniguada aus. Zahlreiche Treppen,

Wege und Laubengänge ziehen sich durch die weitläufige Anlage, schattige Plätzchen laden zum Verweilen ein. Ein altes Aquädukt führt durch die Talsohle; an den Hängen stürzen Wasserkaskaden in kleinen Felsschluchten herab. Ein Lorbeerhain, mit Sukkulenten bedeckte Trockenhänge, ein kleiner Bestand von Drachenbäumen, ein Wäldchen mit Kanarischen Kiefern und viele weitere Gartenpartien zeigen den ganzen Reichtum der kanarischen Vegetation. Ein Teilbereich des Gartens, der *Jardín de las Islas,* präsentiert die Pflanzengesellschaften nach Inseln getrennt.

Die reichhaltige Vegetation sowie die vielen Wasserstellen bieten auch zahlreichen Tieren eine gute Lebensgrundlage. In den Morgen- und Abendstunden ist das Tal von Vogelgesang erfüllt. Rotkehlchen *(Erithacus rubecula superbus),* Kanarengirlitze *(Serinus canaria),* Grünfinken *(Carduelis chloris),* Zilpzalpe *(Phylloscopus collybita),* Mönchsgrasmücken *(Sylvia atricapilla)* und die Namensvettern des Verfassers – Stieglitze *(Carduelis carduelis)* – tragen zum Vogelkonzert bei. Unter den Greifvögeln sind Mäusebussarde und Turmfalken vertreten. Zu den bemerkenswerten Reptilien gehört die Kanarische Rieseneidechse *(Gallotia stehlinii),* die in großer Zahl den Garten bevölkert. Ihrem Namen macht sie alle Ehre. Auffälligstes Insekt ist die leuchtend-rote Königslibelle *(Anax imperator)*.

Der Botanische Garten wird von der Inselregierung unterhalten und ist seit 1959 der Öffentlichkeit zugänglich. Sein Gründer, der schwedische Botaniker Eric R. Sventenius, widmete sich seit 1952 zwanzig Jahre lang engagiert dem Aufbau. Heute wird der Botanische Garten von dem Engländer David Bramwell geleitet. Mit dem Namen »Viera y Clavijo« wird ein Pionier der wissenschaftlichen Erforschung des Archipels aus dem 18. Jahrhundert geehrt.

Anmerkung Öffnungszeiten täglich 9-18 Uhr (außer 24. 12., 1. 1. und Karfreitag); der Eintritt ist frei. – Schräg gegenüber dem unteren Eingangstor gibt es die Bar Flor Canaria. Nahe dem oberen Eingangstor (rechts, wenn man den Garten verläßt) befindet sich ein exklusives Restaurant.

Tourenbeschreibung Eine Wegbeschreibung erübrigt sich natürlich. Besuchern steht ein Faltblatt mit Lageplan sowie ein illustrierter Gartenführer zur Verfügung.

Santa Cruz de la Palma (Foto: Andreas Stieglitz)

El Hierro

Während der Antike markierte die kleinste und westlichste Kanareninsel das Ende der bekannten Welt. Daran scheint sich bis heute wenig geändert zu haben, denn wer kennt schon El Hierro, diese entlegene Insel »al fin del mundo«, die touristisch bis heute so gut wie nicht erschlossen ist und wo Ursprünglichkeit zugleich das Fehlen vieler Annehmlichkeiten bedeutet? Falls man sich aber dennoch aufmacht, El Hierro zu erkunden, und sich für den Besuch ein wenig Zeit nimmt, wird man diese ruhige und einsame Insel lieben lernen ... noch mehr aber die Herzlichkeit und Gastfreundschaft der Herreños, wie sich die 6500 Einwohner der Insel nennen. Bei alltäglichen Begegnungen mit den Menschen oder auf den Festen, die mit großer Hingabe gefeiert werden, entdeckt man Vergessenes, ja verloren Geglaubtes ... eine Inselfamilie, die noch in echter Gemeinschaft lebt.

Landschaftlich überrascht El Hierro trotz seiner geringen Ausdehnung durch große Vielfalt. Von unzähligen Steinmäuerchen durchzogen, ist das sanftgewellte, oft in Passatnebel gehüllte Hochland um San Andrés von zauberhaftem Reiz. Hinreißend schön ist auch die weite, halbmondförmige Meeresbucht von *El Golfo*. Die steilen, über 1000 Meter hohen Wände dieses alten, riesenhaften Vulkankraters, der El Hierro aufbaut und vor langer Zeit zur Hälfte im Meer versunken ist, sind größtenteils mit dichtem Lorbeerwald bedeckt. Weiter landeinwärts erstrecken sich in höheren Lagen Kiefernwälder, während an exponierten Standorten der einzigartige »Sabinar« zu finden ist: Wacholderbäume, die unter dem Einfluß der stürmischen Winde in bizarr verkrüppelten Formen heranwachsen.

Angesichts der bescheidenen touristischen Infrastruktur empfiehlt es sich für die Hauptsaison (Juli/August) unbedingt, Flüge, Unterkunft und vor allem einen Leihwagen vorab zu buchen. Es gibt zwar mehrere Autoverleiher, Leihwagen sind aber auf der Insel dennoch rar (und die Preise entsprechend); Busse verkehren äußerst selten und fahren zudem für Urlauber zur Unzeit. Natürlich geht es notfalls auch per Taxi. Ideales Ausgangsquartier für die gesamte Insel ist die Hauptstadt Valverde. Bestes Hotel auf El Hierro ist der Parador Nacional, etwas abseitig in einer schönen Meeresbucht an der Südostküste gelegen. Nicht zu empfehlen ist der abgelegene Ferienort La Restinga an der Südspitze, von wüsten Lavafeldern umgeben.

Wer bereit ist, viel Eigeninitiative zu entwickeln und keine Ansprüche an Unterkunft und Verpflegung stellt, wird auf El Hierro auf seine Kosten kommen.

Mirador de la Peña – Ermita Virgen de la Peña – Las Puntas – (Mirador de la Peña)

Verkehrsmöglichkeiten Anfahrt mit dem Leihwagen oder Taxi von Valverde (10 km) über Mocanal zum Aussichtspunkt »Mirador de la Peña«. Rückfahrt gegebenenfalls mit dem Taxi von Las Puntas.
Tourenlänge 9 Kilometer hin und zurück.
Wanderzeit Etwa 3½ Stunden hin und zurück.
Höhenunterschiede 800 Höhenmeter Auf- und Abstieg.
Topographische Karten Mapa Militar de España 1:50000 »Valverde« (34/35–43).
Wissenswertes El Golfo stellt einen vor langer Zeit halb im Meer versunkenen Riesenkrater dar. Gleich zu Beginn unserer Tour schweift der Blick vom Mirador de la Peña *(peña* = Fels, Klippe) über diese außergewöhnlich schöne Küstenlandschaft. Über die Trockenhänge der östlichen Kraterwand windet sich unser sorgfältig angelegter Fußweg in die Küstenebene hinab.
Anmerkung Falls man die An- und Rückfahrt mit dem Taxi unternimmt, kann man sich auch in Las Puntas an der Bar Tocuyo abholen lassen (Taxi möglichst vorbestellen). Auf diese Weise spart man sich den beschwerlichen Aufstieg über die Steilwand zurück. – »Las Puntas« ist auf manchen Karten fälschlich als »Las Casitas« ausgewiesen.
Tourenbeschreibung Ausgangspunkt unserer Wanderung ist der *Mirador de la Peña.* Die Anlage dieses schönen Aussichtspunkts wurde von dem namhaften kanarischen Architekten César Manrique entworfen. Wir genießen einen herrlichen Blick über den weitgeschwungenen, steilwandigen Krater El Golfo, der sich halb zum Meer hin öffnet. Anschließend kehren wir zur Fahrstraße zurück und folgen ihr etwa 250 Meter nach rechts, bis rechterhand ein schmales Betonsträßchen abzweigt (»Camino la Peña«). Von Steinmauern gesäumt, führt es in knapp 10 Minuten zur *Ermita Virgen de la Peña.* Neben der Kapelle befindet sich ein Wasserhahn.

Nun beginnt unser anhaltender Abstieg auf dem alten Pflasterweg, der sich den Steilhang *(Risco de Tibataje)* hinabschlängelt. Unterwegs genießen wir herrliche Ausblicke auf El Golfo. Anders als weiter im Süden oder Westen von El Golfo sind die Hänge hier mit Trockenvegetation bedeckt. Wir benötigen eine gute Stunde, bis sich die Steilwand allmählich verflacht. Terrassiertes Kulturland mit Weingärten und Feigenkakteen (einst zur Zucht der Cochenillenlaus genutzt) breitet sich aus.

An einer deutlichen Weggabelung gehen wir links auf dem Hauptweg weiter. Gut zehn Minuten später stoßen wir gegenüber der Abzweigung nach »El Matorral« auf die Hauptstraße; linkerhand befindet sich ein Wasserhahn. Wenige Minuten der Straße nach rechts entlang (Richtung Punta Grande) erreichen wir die Bar Tocuyo in *Las Puntas*. Nach wohlverdienter Rast kehren wir von hier entweder mit dem vorbestellten Taxi oder zu Fuß auf demselben Weg zum *Mirador de la Peña* zurück.

Blick vom Mirador de la Pena auf den Riesenkrater von El Golfo
(Foto: Andreas Stieglitz)

41 Frontera – Mirador de Jinama – San Andrés

Verkehrsmöglichkeiten Anfahrt mit dem Taxi oder Bus von Valverde nach Frontera. Rückfahrt mit dem Taxi von der Bar »La Igualdad« in San Andrés.
Tourenlänge 6,5 Kilometer.
Wanderzeit 3 Stunden.
Höhenunterschiede 900 Höhenmeter Aufstieg, 200 Höhenmeter Abstieg.
Topographische Karten Mapa Militar de España 1:50000 »Valverde« (34/35–43).
Wissenswertes Ausgangspunkt dieser recht anstrengenden Tour ist das kleine Dorf Frontera (»Grenze«), inmitten der halbkreisförmigen, von einem über 1000 Meter hohen Gebirgszug eingerahmten Küstenregion El Golfo gelegen. Diese grandiose Landschaft stellt das knappe Halbrund eines einstigen Riesenkraters dar, dessen größerer nordwestlicher Teil im Meer versunken ist. Ein alter Pflasterweg, früher eine vielbegangene Hauptverbindung, schlängelt sich in schier endlosen Windungen die Steilwand hinauf. An den Hängen breitet sich hochgewachsener, jedoch ziemlich lichter Lorbeerwald aus. Es handelt sich um einen der wenigen auf El Hierro verbliebenen Laurisilva-Bestände mit verschiedenen Lorbeerarten, der Kanarischen Stechpalme *(Ilex canariensis),* dem Palo blanco *(Picconia excelsa)* und reichem Unterwuchs, darunter dem Kanarischen Aronstab *(Dracunculus canariensis).* In höheren Lagen sind hauptsächlich die Baumheide und der Gagelbaum anzutreffen.

Oben an der Steilwand erreichen wir den Mirador de Jinama. Der Blick von diesem Aussichtspunkt über El Golfo auf das blauschimmernde Meer mit den Nachbarinseln La Palma, La Gomera und Teneriffa ist unvergleichlich. Über die sanfthügelige, von zahllosen Steinmäuerchen durchzogene und landwirtschaftlich genutzte Hochfläche von El Hierro wandern wir gemächlich nach San Andrés hinab.

Anmerkung Am Steilhang stauen sich gewöhnlich Passatwolken, so daß im Lorbeerwald mit Nebel gerechnet werden muß. Auch die Hochfläche ist häufig in Wolken gehüllt.

Tourenbeschreibung Ausgangspunkt unserer Wanderung ist die Plaza Candelaria, der zentrale Platz in *Frontera.* Zunächst statten wir der Pfarrkirche Nuestra Señora de Candelaria einen Besuch ab. Der Glockenturm steht auf einem Vulkankegel hinter dem Gotteshaus. Anschließend kehren wir zur Plaza Candelaria zurück und gehen gegenüber der Kirche eine schmale

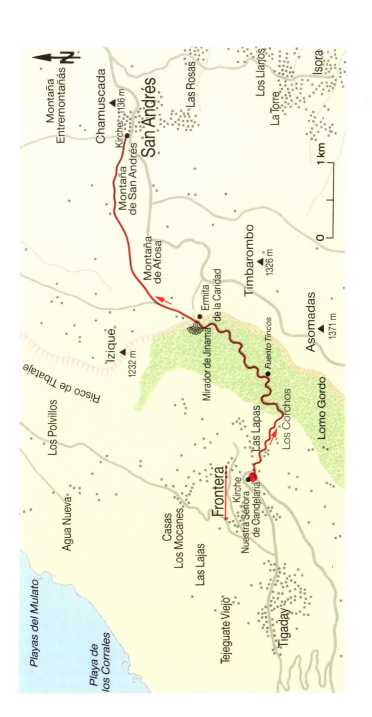

Straße hinauf (Calle Los Corches). Nach 30 Metern halten wir uns an der Gabelung links (Wegweiser »A Jinama«). Das Betonsträßchen windet sich durch Kulturland mit verstreuten Gehöften am Hang empor und endet nach knapp 10 Minuten; eine Holzbank verlockt zur ersten Rast.

Wir wandern auf dem alten Pflasterweg weiter bergauf, der sich nach links vorne zwischen Acker- und Weinbergsterrassen fortsetzt. Rückblickend bietet sich eine schöne Sicht auf die Kirche von Frontera mit dem dahinter aufragenden Vulkankegel. Eine Viertelstunde später gehen wir durch ein Holzgatter und gelangen hier im Gebiet *Los Corchos* (»Die Bienenkörbe«) in die Lorbeerwaldzone hinauf. Falls uns nicht Passatnebel die Sicht verwehrt, genießen wir während des anhaltenden steilen Aufstiegs herrliche Ausblicke auf El Golfo.

Etwa eine Stunde nach Beginn der Wanderung kommen wir in einer Barranco-Biegung an einer Quelle *(Fuente Tincos)* vorbei. Der Wasserhahn ist in einen Stamm eingelassen. Bald danach erreichen wir eine Aussichtsplattform, die sich für eine Pause anbietet. Unser Weg schlängelt sich stetig weiter bergauf. Vermehrt tritt nun Baumheide auf, die teilweise stark mit Flechten bewachsen ist. Mit etwas Glück sehen wir Kolkraben und Einfarbsegler, die über dem Wald fliegen.

Nach einer weiteren Stunde andauernden Aufstiegs erreichen wir gegenüber der Kapelle *Ermita de la Claridad* (hier gibt es einen Wasserhahn) den *Mirador de Jinama* am Rande der Steilwand und können nun erst einmal verschnaufen. Von der Aussichtsplattform bietet sich ein hinreißender Blick auf die große Meeresbucht von El Golfo. Je nach Höhe der Passatinversion sind über die Wolkenschicht hinweg am Meereshorizont die Nachbarinseln La Palma, Teneriffa und Gomera auszumachen.

Der zweite Teil der Wanderung führt über die einsame, von zahllosen Steinmauern durchzogene Hochfläche von El Hierro. Vom Mirador gehen wir zunächst auf dem linken Asphaltsträßchen etwa 500 Meter (sieben Minuten) hinab, bis rechts zwischen Steinmauern ein alter Fußweg abzweigt (Holzschild »A San Andrés 2,9 km«). Wir halten uns die nächste Zeit auf diesem unterschiedlich breiten Weg, der zwischen Steinmauern verläuft. Teilweise ist er grob mit Steinen gepflastert, teils tritt das Gestein felsig zutage. Bald erblicken wir in der Ferne die Häuser von San Andrés; einige Vulkankegel kommen in Sicht.

Nach etwa 20 Minuten auf diesem Weg muß aufgepaßt werden: An einer deutlich erkennbaren Weggabelung halten wir uns rechts. 30 Meter danach gehen wir an einer erneuten Weggabelung links weiter. Wenige Minuten später kommen wir auf einem Querweg (»Camino La Virgen«) heraus, dem wir rund 50 Meter nach links folgen und hier an der Gabelung rechts weitergehen. Dieser Weg führt uns nun ohne weitere Verzweigungen nach *San Andrés*. Wir kommen am Ortsrand gegenüber einem Buswartehäuschen heraus, folgen der Straße an der Kirche vorbei und stoßen unweit der Bar »La Igualdad« auf die Hauptstraße.

42 TF 912 – Fuente Mancafete – TF 912

Verkehrsmöglichkeiten Anfahrt mit dem Auto von Valverde (22,5 km): Auf der TF912 über San Andrés Richtung Frontera fahren. In der ersten großen Rechtskurve, wo die Straße nach Osten zurückschwenkt, zweigt links ein Fahrweg ab (verschiedene Holzschilder: »Pista al Derrabado«, »Pista sin Salida«, »El Derrabado«, »Fuente Mancafete«). Hier parken.
Tourenlänge 9 Kilometer.
Wanderzeit 2½ Stunden hin und zurück.
Höhenunterschiede 400 Höhenmeter Auf- und Abstieg.
Topographische Karten Mapa Militar de España 1:50000 »Taibique« (34/35–44).
Wissenswertes Diese wunderschöne Tour durch herrlichen Lorbeerwald führt zu einer Quelle, die versteckt in einer üppiggrünen Schlucht liegt. Wir wandern auf bequemen Forstwegen und genießen unterwegs die geruhsame Stille. Hier an der südwestlichen Steilwand von El Golfo ist der Lorbeerwald in einer für El Hierro besonders reicher Artenzusammensetzung vertreten.
Anmerkung Der Lorbeerwald ist meist in Passatnebel gehüllt, was den Reiz der Wanderung noch erhöht.
Tourenbeschreibung Wir folgen dem Fahrweg, der mit geringem Gefälle am Hang entlang durch den Lorbeerwald führt. Nach einer halben Stunde gehen wir durch ein Eisengittertor. Der dichte Wald weicht nun zurück, altes Kulturland breitet sich auf den terrassierten Hängen aus. Es wird allerdings nicht mehr überall bewirtschaftet und teilweise vom Wald zurückerobert. Obst- und Feigenbäume, Edelkastanien und vielfältige Kräuter breiten sich auf den halb verwilderten Terrassen aus.

An einer Weggabelung, die wir etwa 10 Minuten nach dem Eisengittertor erreichen, gehen wir links ansteigend weiter (Schild »Fuente Mancafete«). Wir wandern nun stetig bergauf

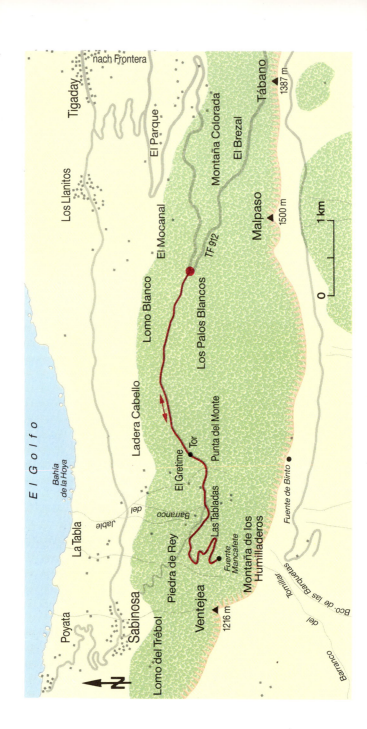

und gehen nach kurzer Zeit an einer Rechtsabzweigung vorbei (sie führt nach Sabinosa hinab). Der Weg steigt bald in einigen Kehren an und endet schließlich an einer Wendeschleife um drei Gagelbäume (Holzschild »Fuente Mancafete«).

Ein Pfad führt zunächst auf der linken Hangseite der kleinen Schlucht bergauf. Etwas steil und rutschig, teilweise auch über erodierte Stufen, steigt unser Pfad dann inmitten der Schlucht ein kurzes Stück an. Unvermittelt sind wir von üppiger Vegetation umgeben. Wasser tropft von steilen, grünbewachsenen Felswänden hinab, an die sich große Farne klammern, Moose bedecken den Boden. In der regenreichen Jahreszeit stürzt ein kleiner Wasserfall die Schlucht hinunter. Das Quellwasser wird an mehreren Stellen aufgefangen und in ein kleines Betonwasserbecken eingeleitet. Hier in der Schlucht der *Fuente Mancafete* endet der Pfad; wir kehren auf demselben Weg zurück.

In den Cañadas auf Teneriffa: Blick über den »Finger Gottes« auf den Pico del Teide (Foto: Reinhard Michel)

Anschriftenverzeichnis
Organisationen

Spanische Fremdenverkehrsämter in Deutschland:
Kurfürstendamm 180, D-10707 Berlin;
Graf-Adolf-Straße 81, D-40210 Düsseldorf;
Bethmannstraße 50–54, D-60311 Frankfurt/Main;
Oberangerstraße 6, D-80331 München;

Deutsches Jugendherbergswerk
Bismarckstraße 8, D-32756 Detmold

Europäische Wandervereinigung e.V.
Reichstraße 4, D-66111 Saarbrücken

Verband Deutscher Gebirgs- und Wandervereine e.V.
Reichstraße 4, D-66111 Saarbrücken

Deutsche Wanderjugend
Wilhelmstraße 39, D-75378 Bad Liebenzell

Touristenverein »Die Naturfreunde«, Bundesgruppe Deutschland e.V.
Großglocknerstraße 28, D-70327 Stuttgart

Teneriffa

Amtliche Touristenbüros Oficinas de Información y Turismo)
Santa Cruz: Plaza de España, Cabildo Insular. Tel. 242227
Puerto de la Cruz: Plaza de Iglesia (Holzhaus). Tel. 311928

Konsulate
Konsulat der Bundesrepublik Deutschland: Santa Cruz,
Avenida Anaga 43, (9–12 Uhr). Tel. 284812
Österreichisches Konsulat: Santa Cruz, Calle San Francisco 17,
(10.30–12.30 Uhr). Tel. 243799

Ärztliche Notdienste
Rotes Kreuz (Cruz Roja): Notfälle, auf allen Inseln: Tel. 230000. Krankentransport, auf allen Inseln: Tel. 245921.
Unfallstation (Casas de Socorro): Santa Cruz, Calle José Murphy.
Tel. 241502. Puerto de la Cruz, Calle Iriarte 2.

Krankenhaus-Notdienst: Hospital General (Urgencia):
Santa Cruz, Tel 228740. – *Ambulanz (Krankenwagen) Rotes Kreuz (Cruz Roja):* Santa Cruz, Tel. 242407. Puerto de la Cruz, Tel. 371200.
Los Christianos (Finca El Mojón). Tel. 790505.

Polizei (Comisaria)
Auf allen Inseln: Tel. 091.
Santa Cruz: Calle Mendez Nuñez, Tel. 272302.
Puerto de la Cruz: Calle Santo Domingo, Tel. 380428.
Verkehrspolizei (Unfall) Tel. 222215.
Polizeiposten (Guardia Civil), Los Christianos: Grupo Información,
Calle Juan 13 F, Tel. 791414

Santa Cruz de Tenerife – Vizekonsulat als Außenstelle der Botschaft Madrid
A: Avènida de Anaga 45, 38001 Santa Cruz de Tenerife
F: (003422) 284812, 284816
Telefax: (003422) 247049
Telex: 0/52/92026
Amtsbezirk: Provinz Santa Cruz de Tenerife
(Inseln Gomera, Hierro, La Palma, Tenerife).

Gran Canaria

Konsulate
Bundesrepublik Deutschland: Calle Franchy y Roca 5, Las Palmas de Gran Canaria, Tel. 275700 (9.00 bis 12.00)
Österreich: Edificio Cataluña, Calle Luis Morote 6, Las Palmas de Gran Canaria, Tel. 261100
Schweizerische Eidgenossenschaft: Calle el Cid 38, Las Palmas de Gran Canaria, Tel. 274544

Unfallstationen (Casas de Socorro)
Gran Canaria: Las Palmas, Tel. 245157; San Agustin, Tel. 761022

Stadtpolizei (Policia Municipal)
Gran Canaria: Las Palmas, Tel. 092; San Agustin, Tel. 762412

Casa del Turismo, Parque Santa Catalina, Las Palmas, Tel. 264623 (Mo.–Fr. 9.00–13.00 und 17.00–19.00; Sa. 9.30–13.00)
Patronato Insular de Turismo, Calle León y Castillo 17, Las Palmas, Tel. 362222

Notrufe
ADAC-Notrufzentrale München (rund um die Uhr besetzt)
Telefon aus Spanien: (074989) 222222 (Beratung nach Unfällen u.ä.), (074989) 7676-2244 (Ambulanzdienst und Telefonarzt)
DRK-Flugdienst Bonn, Telefon aus Spanien: (0749228)230023
Deutsche Rettungsflugwacht Stuttgart, Telefon aus Spanien: (0749711) 701070

Seit 1992 gibt es eine Informations-Telefonnummer für ganz Spanien/Festland und Inseln: 901300600, täglich 14–20 Uhr. Sa/So 10–20 Uhr in Deutsch. Sie ist aber nur in Spanien anwendbar.

Dank

Mein Dank gilt allen, die an der Entstehung dieses Buches beteiligt waren und mir wertvolle Anregungen und Unterstützung gegeben haben, ganz besonders Karin Mertzlin, Klaus Mausehund, Norbert Hermanns und meinem ehemaligen Lehrer Reinhard Michel.

Die Deutsche Wanderjugend (DWJ) ist die Jugendorganisation des Verbandes Deutscher Gebirgs- und Wandervereine. Die jugendlichen Mitglieder von sechs bis 25 Jahren pflegen natürlich das Wandern in kind- und jugendgerechten Formen. Die Deutsche Wanderjugend wanderte schon lange aus Freude an der Natur und aus Spaß, bevor das „Volkswandern" erfunden wurde. Die Kinder und Jugendlichen bei der Wanderjugend lernen, wie man richtig wandert, erfahren alles über eine wandergerechte Ausrüstung von den Wanderschuhen bis zum Rucksack und üben den Umgang mit Kompass und Karte.

Wandern ist aber nur ein Teil der Aktivitäten. Die Jugendarbeit der Deutschen Wanderjugend umfaßt ein viel breiteres Angebot. Die Jugendgruppen der Wanderjugend legen die Inhalte und Schwerpunkte ihrer Arbeit selbst fest. Im Rahmen einer sinnvollen aktiven Freizeitgestaltung werden in der Gruppenarbeit oft musisch-kulturelle Aktivitäten bevorzugt: Basteln, Werken, Pantomime, Laienspiel, kreatives Gestalten, Singen und Instrumentalspiel, Volkstanz. Die vielfältige Bildungs- und Jugendarbeit der Deutschen Wanderjugend erstreckt sich auf Freizeiten, Fahrten, Zeltlager, Lehrgänge zur politischen Bildung, internationale Jugendbegegnungen.

Eine wichtige Aufgabe stellt der aktive Natur- und Umweltschutz für die Wanderjugend dar. Dabei steht v. a. die Erziehung und Bildung der Kinder und Jugendlichen zum umweltbewußten Menschen im Vordergrund.

Wer mehr über uns, die DWJ, wissen will, schreibt an die

DWJ-Bundesgeschäftsstelle, Wilhelmstraße 39, D-75378 Bad Liebenzell.

Wanderführer Teneriffa

Die schönsten Rund- und Streckenwanderungen auf der Kanaren-Insel. Beschrieben von *Andreas Stieglitz*.

Europäischer Fernwanderweg E 1

Nordsee – Bodensee – Mittelmeer (Flensburg – Lugano – Genua). Beschrieben von *Arthur Krause*.

Europäischer Fernwanderweg E 5

Bodensee – Gardasee/Adria (Konstanz – Bozen – Malcesine – Venedig). Beschrieben von *Veit Metzler*.

Wanderführer Vorarlberg

Die schönsten Wanderungen: Rundwanderungen, Streckenwanderungen, Bergwanderungen. Beschrieben von *Josef Märk und Willi Wagner*.

Radwanderführer Balearen

Die schönsten Radtouren auf den vier Baleareninseln. Beschrieben von *Renate Tarrach*.

Radwanderführer Dänemark

Rund- und Streckentouren durch ein fahrradfreundliches Land. Beschrieben von *Günter R. E. Richter*.

Radwanderführer Niederlande

Die schönsten Rund- und Streckentouren. Beschrieben von *Günter R. E. Richter*.

Radwanderführer Belgien

Die schönsten Rundtouren. Beschrieben von *Ferdinand Dupuis-Panther*.

Radwanderführer Frankreich

Die schönsten Streckentouren. Beschrieben von *Elmar Lamers*.

Radwanderführer Rhône

Von der Quelle bis zur Mündung. Beschrieben von *Stefan Geyer* und *Heinz Jobke*.

Radwanderführer Loire

Von der Quelle bis zur Mündung. Beschrieben von *R. Kuntzke*.

Radwanderführer Schweiz

Die schönsten Streckentouren. Beschrieben von *Ingrid* und *Klaus Puntschuh*.

Die zuverlässigen, tausendfach bewährten Wegweiser
mit der Marke ›Kompass‹ und dem roten Punkt

Die schönsten Wanderungen

Allgäu I:
  Ober-Ostallgäu
Allgäu II:
  Region Westallgäu
Altmühltal/
  Frankenalb Süd
Bayerischer Wald
Berchtesgadener Land
Bergisches Land
Bodensee
Dresden
Eifel (gesamt)
Eifel 1:
  Ahrgebirge/Osteifel
Eifel 2:
  Deutsch-Belgischer
  Naturpark
Eifel 3:
  Vulkaneifel – Südeifel
Ems – Weser
Erzgebirge
Fichtelgebirge
Fränkische Schweiz/
  Frankenalb Nord

Großer Fränkische-
  Schweiz-Führer
Frankenwald
Frankfurt-Offenbach
Harz
Hohenlohe mit
  Georg-Fahrbach-Weg
Hohes Venn
Holsteinische Schweiz
Hunsrück
Lüneburger Heide
Mark Brandenburg Ost
Mark Brandenburg West
Mittelrhein
Mosel, Wanderregion
Münsterland
Niederrhein
Oberbayern I:
  Bayer. Voralpen/West
Oberbayern II:
  Bayer. Voralpen/Ost
Oberlausitz
Oberschwaben
Odenwald

Ostseeküste/Rügen
Pfalz
Großer Pfalz-Führer
Rhön mit Vogelsberg
Saarland
Sächsische Schweiz
Sauerland
Schwäbische Alb
Schwäbischer Wald
Schwarzwald Mitte:
  Kinzig – Feldberg
Schwarzwald Nord
Schwarzwald Süd:
  Feldberg – Rhein
Spessart
Stuttgart mit Schönbuch
Taunus
Teutoburger Wald
Thüringer Wald
Vogtland
VVS-Wanderführer
  Region Stuttgart
Weser-Leine-Bergland
Westerwald

Streckenwanderwege

Albrandweg
Lech
Mainwanderweg

Moselhöhenwege
Sauerland-Höhenring
Schwarzwaldhöhenwege

Fernwanderwege im
  Voralpenland
Westpfalz-Wanderwege

Europäische Fernwanderwege

Lexikon Europäische
  Fernwanderwege

E 1: Flensburg –
  Genua

E 3: Böhmerwald –
  Atlantik

E 5: Bodensee – Adria

Große Wanderwege –
  Übersichtskarte
  Europäische Fernwan-
  derwege u.a.m.
  1:550000 BRD

Wandern in Europa

Dolomiten
Harz-Niederlande-
  Wanderweg
Kanarische Inseln

Riesengebirge
Teneriffa
Trentino I Ost
Trentino II West

Tschechoslowakei
Vogesen Nord
Vogesen Süd

Wanderbares Österreich

Burgenland	Osttirol	Vorarlberg
Kärnten	Salzburger Land	Wien, Wanderregion
	Tirol	

Die schönsten Radtouren

Allgäu/Bodensee
Altmühltal/
 Frankenalb Süd
Bayerischer Wald
Bergisches Land mit
 Siegerland
Berlin und Umland
Deutschland, Radfern-
 wandertouren (Ost)
Deutschland, Radfern-
 wandertouren (West)
Donau
Eifel
Fränkische Schweiz/
 Frankenalb Nord
Hamburg/Umland
Harz/Weser/Leine
Hohenlohe/Tauber-
 grund
Hunsrück/Saarland
Rad-Deutschland-Tour:
 Von JH zu JH (Ost)
Rad-Deutschland-Tour:
 Von JH zu JH (West)
Kurhessen-Waldeck
Lüneburger Heide mit
 Wendland

Mark Brandenburg Ost
Mark Brandenburg West
Mecklenburg-
 Vorpommern
Münsterland
Niederrhein 1
Niederrhein 2
Oberrhein – Elsaß I:
 Heidelberg –
 Straßburg
Oberrhein – Elsaß II:
 Straßburg – Basel
Oberschwaben/
 Bodensee
Odenwald
Ostfriesland
Ostsee und
 Holsteinische Schweiz
Ostseeküste/Rügen
Rhein
Rheinhessen – Pfalz
Mit der S-Bahn
 an Rhein und Ruhr
Rhön/Vogelsberg
Romantische Straße
Ruhrgebiet
Sauerland

Schwäbische Alb
Schwäbischer Wald/
 Neckarland
Schwarzwald
Spessart/Kinzigtal/
 Fränkisches Weinland
Taunus/Wetterau
Teutoburger Wald
Thüringer Wald
Tour de
 Baden-Württemberg
Tour de Ländle I
Voralpenland I:
 Iller – Donau – Lech
Voralpenland II:
 Lech – Donau –
 Salzach
Westerwald
Balearen
Belgien
Dänemark
Frankreich
Inn
Loire
Niederlande
Rhône
Schweiz

DJH-Wegweiser

Wandern mit Kompaß und Karte
Spuren der Römer im Rheinland
Spuren der Römer: Rhein – Main
Spuren der Römer: Main – Rems
Spuren der Römer: Rems – Donau
Wandern mit Kindern und
 Jugendlichen
Wandern gut geplant und vorbereitet
Radwandern gut vorbereiten

Kinder und Jugendliche im Gebirge
...rund um Alpenvereinshütten
...rund um JH: Allgäuer Alpen/
 Bayerisch Schwaben
...rund um JH: Bayerische Alpen
...rund um JH: Hunsrück/Nahe
...rund um JH: Pfalz
...rund um JH: Vulkaneifel/Südeifel
...rund um JH: Saarland
...rund um NFH: Pfalz

DEUTSCHER WANDERVERLAG
Dr. Mair & Schnabel & Co. · Stuttgart

... rund um Jugendherbergen: Vulkaneifel

Tips für Trips: Ausflugsziele, Wanderungen, Radtouren. Beschrieben von *Hans Naumann*.

Auf den Spuren der Römer von der Rems zur Donau

Rundwanderungen zu den schönsten Limesstrecken und römischen Bauresten. Von *Karlheinz Eckart*.

Wandern mit Kindern und Jugendlichen

Spiele, Abenteuerwanderungen, Wander-Rallye und viele weitere Möglichkeiten.

... rund um Jugendherbergen: Allgäuer Alpen

Tips für Trips: Ausflugsziele, Wanderungen, Radtouren. Beschrieben von *Veit Metzler*.

... rund um Jugendherbergen: Bayerische Alpen

Tips für Trips: Ausflugsziele, Wanderungen, Radtouren. Beschrieben von *Veit Metzler*.

... rund um Jugendherbergen: Hunsrück-Nahe

Tips für Trips: Ausflugsziele, Wanderungen, Radtouren. Beschrieben von *Heinz R. Wittner*.

... rund um Jugendherbergen: Pfalz

Tips für Trips: Ausflugsziele, Wanderungen, Radtouren. Beschrieben von *Heinz R. Wittner*.

Wandern mit Kompaß und Karte

und anderen Hilfsmitteln zur Orientierung.
Von *Heinrich Streich*.

Mit Kindern und Jugendlichen im Gebirge

Mit Gruppen im Gebirge – mit der Klasse unterwegs – praktische Tips, Ratschläge und Planungshilfen für Touren.

Radwandern gut vorbereiten Technik – Planung – Tips

Rund ums Rad. Kleine Geschichte des Fahrrads. Das Fahrrad in seinen Einzelteilen.

Wandern gut geplant und vorbereitet

Ratgeber und Wanderregeln.
Von *Friedrich Schuhmacher*.

Notizen

Notizen

Notizen

Notizen

Notizen

Notizen

Notizen

Notizen

Notizen